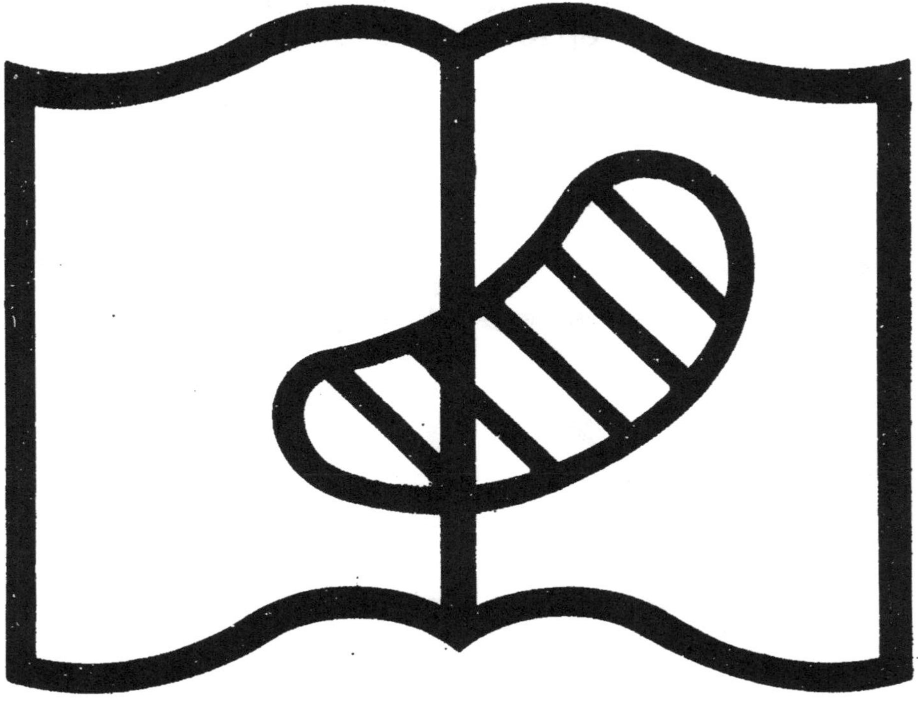

Original illisible

NF Z 43-120-10

Symbole applicable
pour tout, ou partie
des documents microfilmés

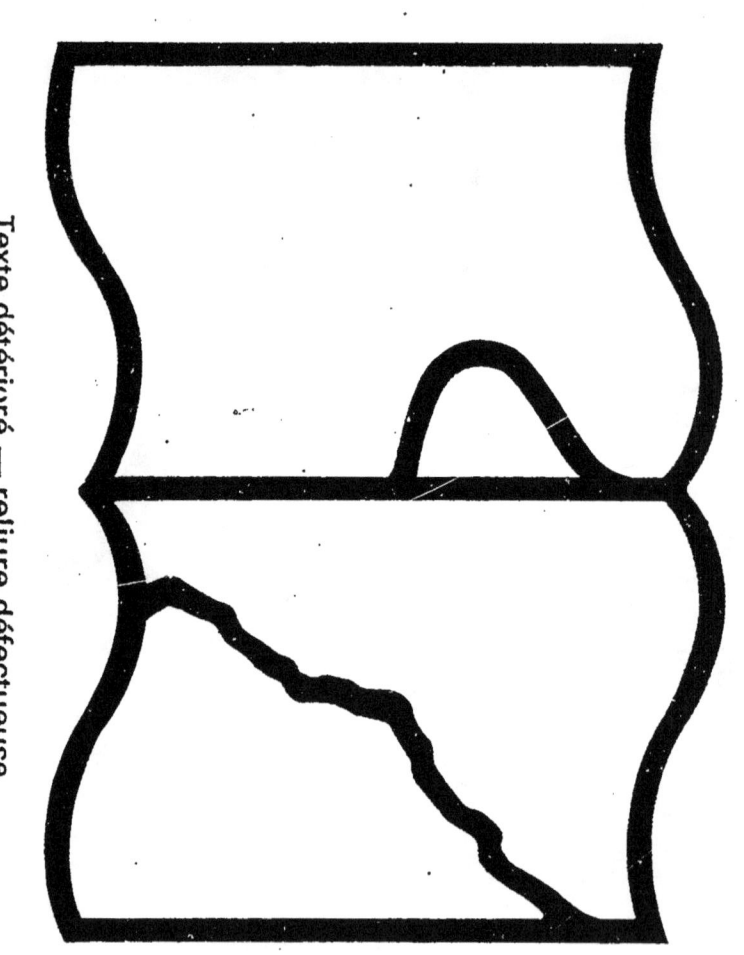

Texte détérioré — reliure défectueuse

NF Z 43-120-11

Symbole applicable pour tout, ou partie des documents microfilmés

Réveille-toi et Combats

ELLICK MORN

Réveille-toi et Combats

L'art de renouveler l'âme et le corps

Traduction de l'Anglais

PARIS
ÉDITIONS NILSSON
7, RUE DE LILLE, 7

PRÉFACE

Dans Réveille-toi et combats, *Ellick Morn, un écrivain bien connu en Amérique et désormais chez nous aussi, se propose de redonner aux individus leurs énergies perdues, en les convainquant que dans les régions profondes de notre moi, gisent des forces endormies qui peuvent et doivent être mises en œuvre pour vivre d'une vie plus saine, plus belle, plus complète. L'existence de ces énergies est désormais hors de doute; mais il manquait un livre lequel, d'une parole facile et convainquante, enseignât à tous le moyen de les utiliser comme moyen puissant de vie.*

Dans ces pages, Ellick Morn présente un véritable évangile de la renaissance individuelle : il dit aux hommes une parole puissamment humaine en les rendant confiants dans la vie et dans l'avenir, opposition louable aux annihilantes théories pessimistes qui ont jeté et jettent les hommes dans la méfiance et dans la désespérance.

Sans doute, nous devons reconnaître, nous aussi, que l'auteur tient dans ces pages un langage parfois trop confiant, mais nous ne pouvons oublier qu'une des gratifications de la doctrine de Morn est la conviction que c'est ainsi qu'il faut parler pour obtenir de la théorie de bons effets pratiques. Des esprits élevés et très vastes sont conquis aujourd'hui à cette caractéristique courante d'idées qui voit, dans l'âme de l'homme, un réservoir énorme d'énergies inutilisées, que la volonté humaine peut mettre à contribution pour vivre dignement et intensément. C'est William James qui est à la tête de ce mouvement, et il n'y a plus guère que les sceptiques, endurcis dans la négation de tout ce qui tend à élever l'âme humaine, qui soient capables de nier la force énorme de la pensée dans la régénération individuelle. Ellick Morn démontre que l'homme n'est jamais perdu ; qu'il peut et qu'il doit renaître à une vie nouvelle ; que l'existence est grevée de maux plus moraux que physiques et qu'il est donné à chacun de nous de se réveiller du cauchemar qui nous oppresse, de soulever les paupières appesanties par le sommeil de l'impuissance, pour nous réveiller à la contemplation et à la jouissance d'un monde nouveau.

D'aucuns trouveront excessives les promesses de Morn et qu'il est un grand illusioniste : eh bien, toute la psychologie moderne démontre qu'une semblable illusion peut être en tous cas une force qu'il serait absurde de dédaigner.

Lève-toi et marche est *la parole biblique qui a reçu de la science pleine confirmation, et Ellick Morn en a fait la devise nouvelle de la renaissance individuelle. Ce livre n'est au fond que l'application des modernes théories pragmatistes qui ont trouvé en Amérique un si puissant développement, et même ceux qui n'admettent pas ces théories, trouveront dans les pages de Morn de nombreux motifs d'intérêt. Mais il n'y aura heureusement que peu de lecteurs qui ne retireront pas de ce livre un fort incitant à aimer la vie...*

Les Editeurs.

CHAPITRE PREMIER

La Belle au Bois dormant.

SOMMAIRE :

La Belle au Bois dormant. — Le sommeil éveillé des hommes — L'homme qui dort. — Le pessimisme contemporain. — Pourquoi trop d'hommes sont malheureux. — Les promesses de la science nouvelle. — La fête de la Résurrection. — Les hommes peuvent être heureux. — Quels sont les hommes dignes de réveil.

« Celui qui ne goûte pas la vie est pour moi un fantôme, quoiqu'il ait tous les attributs de la chair. »

BROWNE.

« Déséquilibré par la fatigue ou par la maladie qui l'a frappé dans son fonds vital, l'homme peut encore être capable d'actes, de gestes, d'idées déterminés, tout comme avant, mais ceux-ci ne sont plus harmoniques et cohérents : il sommeille. »

RUSKIN.

« La plus grande partie de nous se meut dans une espèce de songe. Nous en dégageons à peu près notre part, au moins aux yeux de nos compagnons de sommeil, mais sans une conscience nette de ce qui nous entoure, de ce qui est en nous. »

RUSKIN.

« Ce qui commande en nous, c'est ce qui se réveille... Je me réveille pour faire acte d'homme. »

MARC-AURÈLE.

La Belle au Bois dormant.

La merveilleuse fable qui a extasié notre enfance a un contenu symbolique qui s'applique à l'âme moderne.

L'âme de l'homme est vraiment la Belle au Bois dormant. Elle est couchée à la renverse dans les bras de ce moderne Morphée qui a nom *Aboulie* (absence de volonté : α priv. et βουλια, volonté). Elle semble anesthésiée par un narcotique puissant; elle ne voit pas, ne sent pas, n'agite pas; et si elle se meut, sent et voit, c'est seulement pour agiter en vain les mains vers un objet qui la fuit, pour sentir la douleur d'un cauchemar, voir les spectres atroces de la désespérance incohérente.

L'âme moderne est endormie : et ses rares réveils sont de nébuleux songes éveillés dans lesquels l'action est dérangée et où la volonté ne trouve pas la force de se manifester, n'étant en possession que d'une partie infinitésimale de sa puissance.

C'est pourquoi celle-ci n'a pas le sens plein de la vie : le monde lui apparaît comme un théâtre sur lequel on représente l'épouvantable tragédie de l'existence, tragédie qui ne se termine jamais que par la mort et dans laquelle ce sont les personnages qui jouent les « tyrans » qui triomphent en chassant les bons et les faibles ; le but de la représentation à bâtons rompus lui échappe continuellement sans qu'elle en puisse voir ni le pourquoi ni le comment.

Et lorsqu'il lui semble parfois avoir saisi la signification de la vie, voilà que le sommeil de plomb la reprend, que ses cils appesantis se referment sur l'énigmatique spectacle, et l'épouvantable cauchemar continue. Au prochain bref réveil elle reprend son agitation incohérente et, comme toute grandiose et noble conception du monde lui est étrangère, elle passe son temps à de futiles occupations, augmente son état somnolent par de petites et vaines ivresses, cherche à exciter ses désirs par les drogues homicides qui lui enlèvent jusqu'à la dernière possibilité de réveil et elle finit misérablement comme elle a vécu, mettant par une dernière mort définitive le sceau à la série infinie de ses morts quotidiennes. Mais peut-on dire qu'il meurt celui qui n'a jamais vécu ?

L'âme moderne s'imagine qu'elle vit parce qu'elle a de temps en temps la sensation du plaisir, suivie immédiatement de cette horrible tristesse qui succède toujours à ses misérables tentatives de bonheur ; mais c'est précisément cette conviction qui engendre la grande erreur : l'âme moderne ne vit que parce que ses recherches pénibles du plaisir ne peuvent engendrer que de rapides détentes de sensations, que des cris forcés de joie, que de courtes oasis de félicité éphémère, que des états de conscience discontinus, non reliés entre eux si ce n'est que par un triste souvenir : celui du dégoût qui les suit.

Le malaise contemporain naît de l'illusion de nous croire éveillés alors qu'en réalité nous ne sommes que des créatures assoupies, attendant que quelque puissant Prince charmant de la pensée ou de la foi vienne nous réveiller.

L'homme qui dort.

Voulant nous exprimer plus clairement, supposons un homme assistant au déroulement d'une représentation théâtrale : il est fatigué, ou il a dîné trop copieusement, d'où il s'ensuit souvent qu'à chaque acte il s'endort et se réveille à des intervalles plus ou moins longs. L'action cependant se déroule sur la scène sans interruption. Mais supposez que notre spectateur hypothétique — comme il arrive du reste pour certaines formes d'hystérie — ne se souvienne plus d'avoir dormi et qu'il ait la conviction d'être resté éveillé même pendant les intervalles dans lesquels il était dans les bras de Morphée. Quel pourra être son jugement sur la représentation qui s'est déroulée devant ses yeux ? Évidemment le spectateur dormeur aura la certitude d'avoir été mystifié par l'auteur et par les artistes parce qu'il aura assisté, non à une comédie, mais à une série de scènes décousues, dans lesquelles les personnes avaient l'air d'être tous atteints de cette curieuse maladie que les médecins désignent sous le nom de *syndrome de Ganser* et qui consiste à faire des réponses qui n'ont aucun rapport avec les demandes. Notre spectateur dormeur sortira naturellement du théâtre pleinement convaincu que l'auteur est pour le moins un insensé et il sera porté à plaindre sincèrement les autres spectateurs qui avaient l'air de se divertir de cette sarabande de scènes incohérentes et incompréhensibles.

C'est exactement ce qui arrive à l'âme moderne. Éveillée seulement à de rares intervalles, elle a une tendance à concevoir la vie comme une succession de scènes incohérentes : le monde lui apparaît comme une série de tableaux cinématographiques photographiés pêle-mêle sans aucune liaison logique, sans aucun ordre intellectif, sans aucune finalité. La vie, dit-elle amèrement, qu'est-ce en somme que la vie ? Une triste absurdité, une agitation sans but et sans fin, une vaine recherche de nous ne savons même pas quoi. La vie n'a pas de sens et ceux qui se tourmentent à lui en trouver un sont des égarés et des fous ou des mystificateurs qui spéculent sur la simplicité humaine, saints, philosophes, fondateurs de fois et de religions, prêtres : tous ces illustres personnages doivent être internés, ou dans un asile d'aliénés pour cause de folie manifeste, ou bien dans une prison pour tromperie à l'égard de l'humanité stupide et crédule. La vie n'a aucune suite logique ou, dans l'hypothèse la plus optimiste, doit être considérée comme un paralogisme. Nous existons sans savoir pourquoi, nous faisons un voyage dont la station terminus d'arrivée nous est inconnue, sur un train dont nous ne connaissons pas davantage le mécanicien. De temps à autre, il est vrai, il entre dans le train un homme qui veut contrôler les billets, mais quand nous lui demandons inquiets : Où va-t-on ? il hausse les épaules, ou il sourit, ou il répond qu'il est tout à fait inutile de le savoir. Ce contrôleur impoli s'appelle *Science* et il se contente de s'assurer que nous sommes bien munis de notre coupon de voyage, c'est-à-dire que nous sommes sur pied et robustes, et, lorsqu'il se retire il a soin de refermer la portière avec toute la complaisance possible pour que nous n'attrapions pas de courant d'air. — Mais où court le train ? Personne ne le sait, personne ne le peut savoir. Ceux qui se vantent de le savoir sont des idiots ou pires que les *pickpockets* des wagons de chemin de fer qui cherchent à vous voler le portefeuille en vous donnant en échange un itinéraire fantastique. Étant donné cet état de choses — continue la somnolente âme moderne — il serait puéril de se mettre en peine, pour la recherche d'une mission, d'un idéal ; pour conformer notre vie aux règles d'une morale quelconque, à une logique continue, à un système éthique; le spectacle même du monde, fait d'incohérences et d'absurdités, nous enseigne que notre conduite doit être arbitraire, fantasque, incohérente et sans principe aucun. Et puisque nous avons un organisme combiné de telle sorte que nous sommes satisfaits quand nous jouissons et malheureux quand nous souffrons, la seule philosophie qui soit encore compatible avec le spectacle stupide que nous sommes contraints de subir, est la recherche continuelle, quotidienne, infatigable du plaisir. Jouissons de tout ce dont il est possible de jouir : du vin, des femmes, des richesses, oublions de vivre en nous noyant dans le plaisir. Recherchons la sensation agréable et gardons-nous de celle qui est douloureuse, voilà la seule règle de conduite possible, tout le reste n'est que vanité.

Le pessimisme contemporain.

Et voilà l'origine vraie du pessimisme contemporain : la recherche de la sensation agréable immédiate, la voilà la cause de tous les maux dont nous sommes affligés, la voilà la source de toutes nos maladies, de nos neurasthénies, de nos phobies, de nos innombrables psychoses, de notre misérable aboulie ou absence de volonté. La voilà l'immense misère des hommes !

L'âme dort ignorante de soi-même. Et Ruskin a génialement dépeint cet état misérable dans son ouvrage : *les Sept Lampes de l'architecture.* « Contagion de la mode, préjugés, automatisme, captivités, ankylose de l'âme et de l'esprit qui commence et qui finit, les échangerons-nous pour la vraie vie ? La vie vraie est la force indépendante qui absorbe, modèle et gouverne les éléments extérieurs; c'est une puissance d'assimilation qui transforme les choses du dehors en nourriture ou qui se les soumet comme instruments... La vie fausse, voisine de la stupeur de la mort, peut agir même quand elle n'anime pas : elle n'est pas toujours facile à distinguer de l'autre. Elle est la vie de la mode et de l'habitude où tant de nous consument leurs années; où nous faisons ce que notre volonté n'a pas voulu, où nous disons ce que notre esprit n'a pas pensé; cette vie qui, au lieu de fleurir au bienfait de la rosée, ne peut que se pétrifier et se couvrir de givre en devenant pour la vie spirituelle ce que la glace est pour la vie d'une plante verte: une cristallisation de pensées et d'habitudes... Tous les hommes peuvent se laisser endormir de cette façon... Seulement s'ils possèdent l'énergie de vie, ils peuvent briser l'écorce qui les enserre; mais, la plupart de nous meurent dans une espèce de songe. Nous en dégageons à peu près notre part, au moins aux yeux de nos compagnons de songe, mais sans une conscience claire et nette de ce qui nous entoure et de ce qui est en nous. » La majeure partie des hommes ne vit que dans un songe. « Déséquilibré par la fatigue ou par la maladie qui l'a touché dans son fonds vital, l'homme peut être capable de gestes, d'actes, d'idées, d'élans rapides et brusques, mais ceux-ci cessent d'être harmoniques et cohérents; il songe. » L'âme a dormi jusqu'ici et elle l'a ignoré, sauf dans les rares cas des géniales révélations. Elle a dormi et elle s'est réveillée seulement dans peu d'hommes dignes de la contenir tout entière. Mais est-elle condamnée pour toujours à ce sommeil qui ressemble à la mort ?

Le pessimisme n'est pas une maladie chronique des hommes; elle n'est qu'une crise et il est au pouvoir de l'âme de soulever ses pesantes paupières et de contempler le spectacle d'un monde rénové. L'âme peut demain, quand elle le voudra, se réveiller complètement et récupérer les énergies énormes latentes en elle.

Pourquoi demain ? Pourquoi l'humanité n'a-t-elle pas vu d'abord ce réveil ? Pourquoi est-ce justement demain que notre âme doit se réveiller et retrouver une vie nouvelle ? Quelles sont les raisons de cette espérance inouïe, et la pensée que souventes fois dans le passé des hommes à la promesse facile ont donné l'assurance de ce renouvellement qui s'est si mal réalisée dans la suite, ne jette-t-elle pas en nous le doute qu'aujourd'hui aussi il s'agit d'une grande illusion ?

C'est vrai : l'humanité a entendu souvent par des bouches inspirées la promesse non accomplie d'un prochain réveil; elle l'a entendue de celle d'hommes de foi, d'hommes de science, d'hommes d'action et jamais la joyeuse prédiction ne s'est vérifiée. L'homme est malheureux et misérable comme au temps de la société naissante : la douleur — ce spectre effrayant qui apparaît aux yeux de l'humanité tout entière — ne s'est jamais évanouie au chant du coq.

Mais aujourd'hui la promesse a un bien autre caractère ! Aujourd'hui, nous pouvons attendre l'avènement avec confiance parce que la science s'est débarrassée de son lest pesant qui la maintenait esclave à terre et qu'elle a pu planer dans des régions plus aériennes. La science a abandonné ses chaînes matérialistes et a enfin compris que la matière ne peut plus être notre unique divinité et qu'il y a quelque chose de vrai en dehors des formules chimiques et de la mécanicité universelle.

La science a compris les raisons de l'idéalisme, voilà pourquoi elle peut maintenant nous faire une promesse qui sonnait tout d'abord sur ses lèvres comme un mensonge éhonté. Si nous avions raison de hausser les épaules et de sourire sceptiquement quand nous entendions l'aride parole d'un Buechner nous promettre la révélation du mécanisme entier du monde, nous avons au contraire le devoir maintenant d'ouvrir l'âme à l'espérance quand nous voyons les plus grands représentants de cette science qui déjà fut positive, ou qui du moins s'appelait telle, accueillir à bras ouverts l'idéalisme triomphant et étudier ses phénomènes, accueillis tout d'abord par la science avec un dédain obstiné qui n'avait rien de scientifique.

Et voilà pourquoi la Belle au Bois dormant est à

présent sur le point d'être réveillée par le Prince Charmant de la Pensée Nouvelle; tout concourt à nous laisser non seulement espérer, mais à nous convaincre, que le jour du renouvellement annoncé est venu enfin et qu'il n'est plus permis — sinon aux sceptiques arides et endurcis et impuissants — de sourire des espérances que beaucoup d'hommes de science entretiennent en ces temps de fébrile idéalisation.

La fête de résurrection.

L'âme humaine est douée de pouvoirs illimités ; mais ces pouvoirs sont latents : nous verrons quelles sont les raisons positives et non fantastiques qui nous donnent la certitude de l'existence d'un trésor énorme caché dans les profondeurs obscures de la psyché de tout homme. Les puissances latentes, ces forces qui dorment en nous, comme a dû déjà s'exprimer Prentice Multford, ne sont pas une figuration théorique utile aux poètes pour en tirer de belles variations de thèmes, mais bien une réalité que l'expérience quotidienne démontre et qui doivent être *extraites* de l'homme digne de ce nom et utilisées dans la vie de tous les jours pour avoir la santé, la bonté, la paix, la sérénité, jusque la génialité et la bonté.

Les hommes ont bien raison de se préparer à une joyeuse fête de résurrection ; la science idéaliste — car il n'y a pas de vraie science qui ne doive conduire à une conception idéaliste du monde — peut aujourd'hui étendre la main, comme le fit Jésus de Nazareth, sur la grande malade et s'écrier : Lève-toi et marche !

— Lève-toi et marche, ô âme qui dors et rêves un rêve malade : lève-toi et marche, car la pensée humaine commence aujourd'hui à cueillir les premiers fruits de son élaboration séculaire, de ses pénibles tentatives de conquête, et on peut montrer du doigt la voie du salut et se dire à l'oreille les paroles qui remplissent de force et d'enthousiasme.

Mais à cette grande fête de la résurrection ne peuvent assister que les hommes qui s'en sont rendus dignes ; et en sont dignes tous les hommes qui ont replié leur « moi » sur soi-même, qui sont descendus dans les sombres profondeurs de leur propre âme, qui chaque jour, à chaque heure, ont découvert une parcelle d'eux-mêmes, qui ont cherché par un effort journalier à comprendre ce qui se développait en dedans d'eux-mêmes, comme pour découvrir l'existence de ces puissances cachées, de ces forces qui au dedans de nous attendent le geste libérateur qui les lance à la conquête de la vie.

Sont dignes d'assister à la grande fête de la résurrection tous ceux qui ont reconnu l'existence de quelque chose en dehors de la réalité apparente : qui dans les nuits étoilées se sont sentis s'égarer et ont soupiré d'universel amour et ont demandé à *quelqu'un* une parole révélatrice ; tous ceux qui se sont sentis émus en face des grands spectacles de la nature et qui dans les matins de printemps, sortant au soleil, ont éprouvé la sensation que quelque chose de nouveau était né dans leur âme ; tous ceux qui ont senti le remords de quelqu'action commise et aussi le remords de ce qu'ont commis les autres ; qui ont eu des élans généreux et pardonné à leurs ennemis ; tous ceux qui ont vu le monde, non seulement comme une grande arène de lutte égoïste, mais, à de certaines heures, comme un temple mystérieux dans lequel il est doux, même au non-croyant, d'élever l'âme dans la prière ; tous ceux qui, même dans des instants fugitifs, ont senti l'explosion d'une ivresse intérieure, sans en savoir le pourquoi, sans aucun motif apparent, sans aucune raison précise et précisable ; tous ceux qui se sont trouvés les yeux humides de pleurs en apprenant qu'une justice a été rendue, un tort redressé, un orgueil de soi humilié : tous, tous ceux-là sont dignes de se rassembler au grand jour de la résurrection et de retrouver leur âme entière, de guérir de leurs affections corporelles et morales, d'acquérir des forces nouvelles pour la conquête de la vie, de récupérer quelque chose de leur jeunesse qu'ils voyaient déjà se faner, de raviver leurs facultés imaginatives assoupies et rendues misérables ; de retrouver une nouvelle vie, belle, sereine, complète...

Et la fête de la résurrection viendra aussi pour ceux-là qui ont senti en eux le bouillonnement d'énergies ignorées qui ne pouvaient pas trouver leur débouché ; qui se débattaient dans des actions désordonnées et stériles ; qui brûlaient du désir de prononcer des paroles ailées et ne parvenaient qu'à émettre des balbutiements sans suite ; qui étouffaient dans une atmosphère imprégnée de poisons et ne trouvaient pas le soupirail libérateur.

Et ceux-là qui se sont vus méconnus et méprisés, qui ont aimé pour ne recueillir en échange qu'indifférence ou mépris, qui ont fait le bien pour ne trouver que le mal, qui n'ont jamais pu se faire comprendre et dont les paroles furent toujours détournées de leur sens véritable ; et ceux-là encore qui ont vu la mort de près et qui ont eu la sensation qu'il est doux de mourir et qu'il est rempli de volupté le royaume sur lequel ils avaient posé le pied ; et ceux qui instinctivement ont accompli des actes qui les ont sauvés et qui ont sauvé leur prochain sans avoir jamais su le motif de cette inspiration — tous ceux-là sont dignes de renaître, même s'ils ont mené une vie misérable, même s'ils ont vu jour par jour se faner leur beauté et leur santé, même s'ils ont souffert de la misère physique et morale.

CHAPITRE II

Les Forces ignorées de l'âme humaine.

SOMMAIRE :

Le *moi* extérieur et le *moi* profond. L'homme a en soi un trésor d'énergie dont il ne sait pas tirer parti. — Les forces cachées ou forces cryptopsychiques. Ce qu'il faut entendre par sous-conscience. L'éducation des énergies humaines. — Comment on doit et on peut les employer. — L'homme puissant est l'homme qui sait employer ses énergies cryptopsychiques. — Les portes de l'espérance. — Pour qui est écrit ce livre. — Réveille-toi et combats !...

« Il est possible de revivre... »

MARC-AURÈLE.

« Il faut se renouveler ou mourir »

AMIEL

Les forces cryptopsychiques.

Ce que nous cherchons à écrire, c'est un livre pouvant être considéré comme un manuel pratique, pour l'homme désireux d'augmenter le ton de sa vitalité et d'élargir les horizons de ses espérances. Nous devons donc nous tenir éloignés de toute subtile discussion scientifique et de toute élucubration théorique et philosophique. Il est toutefois nécessaire, dans ces premiers chapitres d'introduction, d'expliquer quelles sont les bases scientifiques de notre méthode. Nous voulons écarter de nos affirmations tout soupçon d'arbitraire, et nous désirons convaincre le lecteur que les chapitres suivants, consacrés à la pratique, ne sont que l'application de théories nouvelles, mais suffisamment contrôlées par la science.

Notre méthode est basée sur l'existence des innombrables forces que l'homme laisse désœuvrées en soi-même, alors qu'il pourrait les utiliser à la conquête de la paix intérieure, de la joie de vivre, de la beauté physique et morale, de la santé de l'âme et du corps.

Le lecteur a le droit de se convaincre que l'existence de ces forces n'est point une vaine fantaisie séduisante, un gai mirage d'optimiste à outrance et que le trésor, que nous affirmons giser dans les mines profondes de l'homme, existe vraiment et présente la possibilité d'en être *extrait :* Nonobstant le ton « biblique » de notre introduction, nous voulons seulement et exclusivement tirer, de vérités démontrées, des conséquences pratiques. L'existence d'activités psychiques, sommeillant des profondeurs de notre être, est désormais hors de doute.

« Les progrès les plus récents, et en même temps les plus importants de la psychologie expérimentale, ont eu pour résultat de transformer les idées reçues sur la nature de la conscience et de la personnalité.

Le *moi* n'est pas cette entité une et indivisible, qu'à un temps les hommes se sont imaginée.

En outre des manifestations psychiques dont nous avons conscience, il s'agite et il agit en nous d'innombrables autres forces psychiques qui se manifestent seulement en de certains cas pathologiques, exceptionnels, ou chez les médiums, télépathiques, hystériques, etc., et qui normalement gisent endormies et chez la plupart des hommes, inactives.

Le *moi* sous-conscient est aujourd'hui une entité psychologique bien reconnue, dit William James. Abstraction faite de toute considération religieuse il existe réellement et littéralement plus de vie dans notre âme totale que celle dont nous pouvons avoir conscience en un moment quelconque.

Cette immense quantité d'éléments psychiques qui sont baignés dans l'ombre — dit un psychologue français — qui touchent le seuil (*limen*) de la conscience et souvent le dépassent, forment ce que Myers a désigné sous le nom de *conscience subliminale*, laquelle peut, dans de certaines conditions communiquer avec l'autre. Et pour employer les propres paroles de Myers : « Chacun de nous est en réalité une entité psychique permanente » ; cette entité est plus étendue qu'il ne le croit lui-même, c'est une entité qui ne peut jamais s'exprimer complètement par une manifestation corporelle quelconque.

Le *moi* se manifeste lui-même par le moyen de l'organisme, mais il y a toujours quelque partie du *moi* qui n'arrive pas à se manifester : comme il y a aussi toujours quelque force d'expression organique en puissance ou en réserve.

Cette pluralité du *moi* est donc un fait que plus personne n'ose mettre en doute : les expériences sous ce rapport abondent, mais ce n'est pas le moment maintenant d'entrer dans ces détails de laboratoire : nous voulons néanmoins, dès à présent, donner un éclaircissement sur le phénomène du *moi* inconscient.

Pour nous, l'expression de *pluralité du moi* n'est pas scientifiquement exacte. Nous croyons qu'aucune expérience n'autorise à employer cette terminologie. Les expériences de dédoublement de personnalité ne démontrent pas que notre *moi* soit une cólonie de *mois*, et il n'est nullement prouvé qu'il y ait en nous plusieurs *psychismes*, dont chacun puisse assumer une personnalité propre. Il nous semble plus scientifique de considérer la psyché (l'âme) comme une entité très étendue dont une partie seulement se manifeste normalement en pleine connaissance de soi ; mais susceptible de se manifester toujours d'une manière plus étendue à certains états naturels ou provoqués par des manœuvres volontaires.

En d'autres termes, l'homme est doué du pouvoir d'extraire, de rendre manifestes les énergies psychiques qui demeurent normalement ensevelies dans les couches profondes de l'être, d'exploiter en une certaine manière son psychisme inconscient à la noble fin d'augmenter toujours davantage sa personnalité, ou même quand cela lui convient de changer de personnalité.

Ces énergies, qui attendent en nous le moment propice pour se révéler, pour coopérer à notre amélioration, sont dotées de pouvoirs que les hommes peuvent considérer comme miraculeux. C'est à elles, que nous sommes redevables de la génialité inspirée, de la divination prophétique, de la lucidité et de tous les phénomènes cryptopsychiques : nous devons encore à l'intervention de ces énergies inconscientes la guérison des maladies, les transformations radicales du corps et du caractère, les conversions subites ou lentes, l'acquisition inopinée de forces physiques et morales dans les dangers imprévus ; le mouvement mystérieux, par lesquels nous défendons inconsciemment notre vie et échappons à quelque désastre, inspirations géniales qui nous illuminent parfois une situation obscure et nous font retrouver l'issue de quelque dédale inextricable.

Les énergies cryptopsychiques ou énergies psychiques cachées, diffèrent des énergies conscientes par une efficience plus directe sur les procédés d'imagination et sur les phénomènes de la vie, profonde et végétative : celles-ci peuvent agir sur la réintégration des tissus et sur le changement, le métabolisme de l'individu et donner le ton général à la santé et aux conditions physiologiques.

Le *moi* profond défend mieux et plus promptement l'individu que ne le peut faire le *moi* conscient, parce que l'on peut dire que celui-là le connaît plus intimement et sait mieux ce qui lui convient : les déterminations appelées heureuses et illuminées sont presque toujours son œuvre.

Il ne peut y avoir aucun doute sur l'existence de cette zone d'énergies cachées, comme il ne peut y avoir aucun doute sur leur état d'assoupissement chez la plupart des hommes. Chacun de nous est en possession de ces énergies, mais peu savent en tirer profit ; nous les laissons dormir inactives lorsque notre vie aurait besoin de leur emploi pour devenir haute, complète, sereine, divinement belle et digne d'être vécue.

L'homme qui se borne à n'employer seulement que les énergies conscientes, n'est pas à même d'accomplir de grandes choses : c'est souvent un malheureux, dépourvu d'initiatives courageuses, incapable de nobles élans, trop *conscient*, il tue toujours par la pensée sa force d'action. Comme nous le verrons plus en détail, en en fournissant les preuves, l'homme qui est forcé de vivre avec les seules ressources de son *moi* superficiel et extérieur, tombe en proie à toutes les maladies morales, à toutes les psychoses. C'est souvent un timide que l'action épouvante, et quoiqu'intelligent il ne peut trouver dans son *moi* des motifs suffisants pour vivre dignement et complètement. Paradoxe vivant, pour être trop conscient, il devient automate.

Peut-être quelque lecteur trouverait-il utile une discussion sur le problème inquiétant de la conscience, qui fut toujours le thème ardu des philosophes et des psychologues. La conscience a été appelée par Haeckel le problème central psychologique. Un philosophe français, Sollier, se plaint de ce que l'étude en ait été trop négligée au profit de l'inconscience, de sorte qu'à présent, nous ne sommes pas à même de délimiter les phénomènes psychologiques conscients de ceux qui sont inconscients.

Sollier a, jusqu'à un certain point, raison : il règne à cet égard une énorme ambiguïté de langage. On peut dire que chaque auteur se sert arbitrairement de sa terminologie propre pour expliquer les phénomènes de la conscience et de la sous-conscience.

Nous n'écrivons pas un traité de psychologie théorique, vu que toute discussion approfondie sur cet argument serait hors de propos. A part cette considération, nous croyons qu'il serait utile même pour les psychologues spécialistes de cette matière, d'abandonner les subtilités de distinction qui forment un dédale dans lequel s'égarent tous ceux qui l'étudient. Pour notre part, nous nous bornons à retenir, comme appartenant au champ des phénomènes conscients, tous ces phénomènes psychologiques dont nous pouvons avoir *connaissance : inconscients* tous ceux que, par leurs effets, nous savons exister, mais dont nous n'avons pas conscience dans le moment où ils se produisent : *sous-conscients* tous ceux dont nous pouvons ou non avoir conscience, suivant l'effort de volonté que nous faisons pour surprendre leur action.

En d'autres termes, nous considérons l'ensemble des pouvoirs psychiques de l'homme subdivisés et groupés en trois zones : la première zone, la plus profonde et ignorée, dans la mer de laquelle s'élaborent les actions vitales et où l'être humain plonge ses mille racines pour en retirer la vie: c'est l'*inconsciente.* La seconde zone, moins profonde, et se rapprochant du seuil de la vraie conscience, à l'intérieur de laquelle s'élaborent les actes psychophysiologiques et dont les manifestations sont, par intervalles, perçues par la connaissance, mais d'une manière nébuleuse et indistincte, d'une manière que nous dirons intuitive : c'est le *sous-consciente.* La troisième zone, dans laquelle se produit le phénomène de la pleine connaissance, et que l'on pourrait figurer par une lampe, destinée à nous éclairer partiellement : c'est la *consciente*. Cette troisième zone a une sphère d'action très limitée : elle éclaire mais ne peut agir directement, ni sur les progrès vitaux, ni sur les progrès psychiques. Elle *voit*, elle *assiste* au déroulement du drame, mais ne peut en déterminer le développement.

Faut-il dire pour cela que la conscience est parfaitement inutile et qu'elle nous a été donnée pour nous faire souffrir du triste spectacle de notre vie ? Non, la conscience, la troisième zone de la pleine connaissance, est le dernier terme de l'évolution créatrice, et elle est un moyen par lequel l'homme se trouve dans des conditions exceptionnelles parmi tous les êtres de l'univers. Elle est passive, il est vrai, en ce sens qu'elle ne peut pas agir directement sur les phénomènes psycho-physiologiques, mais elle est indispensable à l'homme pour obtenir la lumière sur lui-même et lui procurer le moyen de discerner les motifs d'action.

Elle est la condition première du phénomène de la volition. La volonté ne prend pas sa force dans la zone consciente, non, mais la zone consciente permet à la volonté de discerner quels sont les actions qu'elle doit choisir.

La zone consciente est une lumière formée par la fusion des couleurs des autres zones. On pourrait exprimer le phénomène de la conscience en recourant à l'image du spectre. Il y a un *spectre psychique* et une *analyse spectrale psychique*. Les couleurs fondamentales seraient représentées par les trois zones que nous avons exposées, leur synthèse donnerait lieu à la lumière de la pleine connaissance et on pourrait continuer l'image jusqu'à ce que *l'on trouve les rayons ultra-violets de l'âme.* — Ce n'est pas ici le lieu — nous le répétons — de faire une étude approfondie sur la conscience : nous cherchons à écrire un traité pratique et nous faisons dans ce but tout notre possible pour nous tenir à l'écart des élucubrations théoriques.

Le but de ce livre.

Le but de ce livre, indiqué par le titre et par le sous-titre, est clairement expliqué par tout ce que nous avons dit.

Nous voulons donner à chacun de nos lecteurs de bonne volonté un instrument pour sa *renaissance*. Cet instrument nous le trouverons dans l'emploi des puissances cachées, c'est-à-dire dans les deux zones de l'inconscient et du sous-conscient.

Comment et de quelle manière il est possible à l'homme d'employer à son profit ces énergies crypto-psychiques ; quels sont les procédés auxquels nous devons recourir pour extraire du *moi* profond les forces inutilisées qui lui serviront pour la conquête du bonheur, de la paix intérieure, de la santé, de la jeunesse, du génie, sera indiqué dans les chapitres suivants avec la plus grande clarté que comporte pareil thème.

Le *Réveille-toi et combats* acquerra donc dans la suite de notre ouvrage des significations diverses. Ce merveilleux commandement biblique se rapportera au physique et au moral de l'homme, car il n'y a pas de maux exclusivement physiques, de même qu'il n'y a pas de maux exclusivement moraux.

Le *Réveille-toi et combats* sera d'utilité tant pour l'homme en proie au découragement, qu'à l'homme assiégé par les nombreuses phobies ou appréhensions qui dans la civilisation moderne prennent le caractère de véritables maladies déprimantes ; il sera d'utilité pour la femme qui a conscience de sa grande et sainte mission génératrice et craint de voir fuir loin d'elle le pouvoir divin de la beauté, comme pour l'homme qui, vieilli avant l'âge, a perdu toute force de vie et qui peut, dans une jeunesse ressuscitée, retrouver un enthousiasme nouveau.

Certes, lecteurs, je ne vous présente pas mon livre comme étant l'œuvre d'un thaumaturge dont le seul contact suffira à vous redonner le bonheur ; ni je ne pourrai rien pour votre âme si vous n'êtes vous-mêmes les artisans les plus actifs de votre renaissance. Mon livre ne peut que vous inciter à une vie plus intense. Mais si, quand vous l'aurez lu avec une attention sympathique et avec un désir spontané qu'il vous soit utile, vous retrouverez, si vous êtes homme, une joie nouvelle de vivre et de refaire une vie — si vous êtes femme, un sentiment rené d'amour et de maternité, si vous tous qui m'aurez lu retrouvez sur les lèvres un sourire nouveau d'optimisme et fermerez le livre avec la conviction que malgré tout et après tout la vie mérite d'être vécue ; que l'homme n'est pas l'être misérable qu'a voulu en faire une science myope et matérialiste et qu'a chanté une poésie sans ailes, ou plutôt qu'elle a blasphémé — si vous tous qui m'aurez lu êtes convaincus que la bonté est la plus grande force de l'homme et qu'il faut être bon « même » par égoïsme et cela pour avoir la santé et la jeunesse, j'aurai accompli ma tâche. Si ensuite je vous ai inspiré le désir ardent qui m'anime de répandre parmi les hommes la foi en ce qui est beau et bon, la foi dans les pouvoirs divins de l'âme humaine, alors, je pourrai dire que j'ai remporté une grande victoire et je serai fier en pensant que, de par le monde, mes paroles aient pu donner à quelqu'âme brisée une vision nouvelle de la vie et que, grâce à mon œuvre, un sourire s'est épanoui sur des lèvres déjà flétries.

Il n'est pas pour un auteur de satisfaction plus grande que de savoir que ses paroles ont consolé une âme en lui ouvrant les portes de l'espérance ; ces minces portes qu'une philosophie misanthrope avait cherché en vain à mettre sous scellés avec son absurde pessimisme.

CHAPITRE III

L'art de renaître.

SOMMAIRE :

L'art nécessaire et trop inconnu. — Le problème du bonheur. — L'homme malheureux doit renaître. — Se renouveler signifie retrouver le bonheur, la santé, la jeunesse. — Renouvellement de l'âme et du corps. — Celui qui n'apprend pas à se renouveler est perdu. — La joie de renaître. — La foi comme instrument de renaissance — Ce qu'est le Bovarisme. — Comment on devient Bovariste. — La transformation du caractère. — Veux je être un autre homme ? — Les moyens variés d'obtenir sa propre renaissance. — Les sympathies psychiques. — Ce que sont les obsessions et comment elles prennent naissance. — Comment on vient à bout des obsessions. — Les miracles des forces cryptopsychiques. — La prière. — Innombrables formes de prière. — La prière de l'athée. — L'art de prier et d'utiliser les bienfaits de la prière. — Paragraphe résumant les idées exposées dans ce chapitre.

« Regarde en dedans de toi : en dedans de toi est la source du bien, une source que tu trouveras en te creusant toi-même... »

MARC-AURÈLE

« L'homme est un immense réservoir d'énergies inutilisées... »

Qui a bien étudié le problème du bonheur n'a pas eu de peine à se convaincre qu'il consiste en dernière analyse dans le problème de « se renouveler ».

L'homme pour être heureux doit continuellement renaître à une vie nouvelle. Quand l'homme a perdu la faculté de renouveler ses cellules et son âme, survient l'atrophie et ensuite la mort. La joie n'est autre que la sensation de ce renouvellement, de même que la douleur est la sensation de l'atrophie qui est survenue.

Ceci, en langage courant, est le problème que l'homme se pose chaque jour. L'incapacité de le résoudre conduit au malaise général et à l'invasion de maladies spécifiques, soit morales, soit physiques.

L'intuition de cette vérité élémentaire existe chez tous les penseurs et elle se réfléchit jusque dans le langage du peuple.

Chacun de nous remarque que pour être heureux, c'est-à-dire pour sentir la joie de vivre, il a besoin d'arriver à un renouvellement perpétuel. L'état stationnaire, l'immobilité psychique et physiologique équivalent à la mort. Ceci est une loi générale de la monade à l'homme.

Dans le chapitre spécialement consacré à la conservation et à la récupération de la jeunesse, nous entrerons dans de plus amples détails sur les théories les plus modernes de la vieillesse précoce et nous démontrerons combien est énorme le facteur psychique dans la production de la sénilité. Dans ce chapitre-ci, nous voulons considérer le problème de la renaissance dans ses lignes générales et étudier si l'homme peut, avec de la bonne volonté, arriver à le résoudre. — L'homme devrait posséder naturellement la faculté de renaître et il la possède en réalité ; mais, trop souvent, ce don naturel est gâté et empêché dans son action par la civilisation, laquelle raffinant à l'excès dans l'homme la connaissance de soi, empêche les énergies *inconscientes* de trouver la libre expansion pour agir.

Nous ignorons comment se développe ce procédé d'empêchement qui agit dans notre âme quand la conscience de nous-mêmes est trop développée, mais c'est un fait, mille fois démontré, de la vie de tous les jours. C'est chose archi-connue que la conscience exagérée tue l'action.

Comme je me suis efforcé de le démontrer dans mon livre *le Monde est mien*, l'analyse, c'est-à-dire la conscience subtilisée, est la grande ennemie de tout succès.

« La critique de soi-même — dit Amiel, ce grand

malade d'aboulie — est le corrosif de toute spontanéité oratoire et littéraire. La conscience de la conscience est la limite de l'analyse, mais l'analyse poussée à l'extrême se dévore elle-même comme le serpent égyptien... Nous devons être obscurs pour nous-mêmes, disait Gœthe. »

Obscurs pour nous-mêmes. Voilà le remède pour empêcher les conséquences néfastes de l'analyse ; mais *obscurs jusqu'à un certain point*, car l'obscurité complète nous replongerait dans la vie automatique et végétative. La conscience doit être une lumière qui éclaire mais non qui éblouit. Une lumière excessive nous empêche de cheminer et nous fait buter sur les mille obstacles de la route de la vie.

L'art de renaître trouve, comme nous l'avons dit, son équivalent dans l'art d'être heureux. Il y a des hommes qui appliquent instinctivement cet art et qui résolvent le problème avec la foi religieuse. La foi religieuse, considérée pratiquement et avec les critériums de James dans son livre *les Formes diverses de la conscience religieuse*, est la solution du problème quotidien qui occupe toutes les activités humaines — peut-être la meilleure solution que l'on connaisse. — L'homme qui se convertit, c'est-à-dire dans l'esprit duquel a lieu une révolution complète dans sa manière de concevoir la vie et dans son espérance en l'avenir, naît une seconde fois. Il se renouvelle complètement soi-même. En retrouvant l'équilibre qu'il avait perdu, et l'harmonie qui s'était dérangée, il retrouve par cela même aussi le bonheur.

La conversion religieuse est une renaissance, parce qu'un autre individu s'est substitué au vieil homme et qu'il naît en nous une conscience nouvelle. Les représentations mentales, elles aussi, se sont renouvelées. Ce qui tout d'abord paraissait obscur, incohérent, illogique, devient clair, limpide, intelligible. La vie semble facile à vivre puisque l'homme a retrouvé le fil de l'écheveau embrouillé.

Il n'y a pas jusqu'à ses fonctions physiologiques qui ne ressentent des améliorations bienfaisantes : les organes fonctionnent plus activement. Une vitalité équilibrée semble être la caractéristique de la physiologie du converti. Le sens d'une bonté universelle le pénètre. Le mal acquiert à ses yeux une simple signification de transition pour porter au bien.

Que s'est-il passé en lui ?

Un renouvellement complet. Mais pourquoi ? Quelles sont les énergies nouvelles intervenues pour amener ce changement théâtral de décor ? Pourquoi cet homme qui auparavant ne possédait aucune joie de vivre, qui considérait le monde comme une suite incohérente de scènes absurdes, ne reconnaissant à l'existence aucune finalité, est-il maintenant un enthousiaste qui voit dans tout l'univers la logique, la cohérence, l'ordre, le beau, la poésie ?

C'est qu'il a appris — subitement — l'art de renaître, cet art si peu connu et aussi si nécessaire. C'est qu'il a su tirer parti de ses énergies inconscientes, qu'il a fait jaillir de son *moi* profond les forces qui sommeillaient en lui, qu'il a utilisé son cryptopsychisme pour retrouver une vie nouvelle. Ce sont ces forces latentes qui sont remontées à la surface du *moi* avec toute leur impétuosité d'énergies comprimées, qui ont coopéré efficacement à la réintégration de l'âme et du corps, qui ont rajeuni tout son être en le douant d'une puissance de vie extraordinaire.

L'homme converti a inconsciemment appliqué, à la transformation de son être, ce pouvoir qu'une école française toute récente, ayant à sa tête le psychologue Jules de Gaultier, a baptisé du nom de « Bovarisme ».

Il est extrêmement intéressant pour nous de comprendre ce qu'il faut entendre par ce nom apparemment étrange.

Ce qu'est le « Bovarisme ».

Suivant la définition même donnée par de Gaultier, le Bovarisme est le « pouvoir qu'a l'homme de se concevoir différent de ce qu'il est ». Le nom de Bovarisme dérive de celui du personnage principal du grand romancier Gustave Flaubert. Paulhan, parlant justement du livre dans lequel de Gaultier expose ses théories philosophiques, dit : « Un manque de personnalité tel est le point initial qui détermine tous les personnages de Flaubert à se concevoir différents de ce qu'ils sont. Pourvus d'un caractère déterminé, ils prennent un caractère différent, sous l'empire d'un enthousiasme, d'un intérêt, d'une nécessité vitale. »

Nous observons, dans un clin d'œil, que les personnages de Flaubert appliquent, dans la recherche d'un autre caractère, un Bovarisme inefficace, parce que leurs efforts, pour atteindre à une nouvelle personnalité, demeurent toujours impuissants.

Le Bovarisme est relié au fait « de la conscience qui reflète en même temps non seulement l'image des sentiments, mais aussi des pensées, des actes qui lui sont étrangers. Ces images étrangères deviennent un principe d'hypnose et de suggestion ».

Ceci revient à dire en d'autres termes que le Bovarisme, c'est le principe de l'imitation, et la tendance universelle à copier notre prochain et les personnages littéraires que nous y trouvons sympathiques.

Mais le Bovarisme a une signification bien plus étendue encore. Il montre le besoin qu'ont les hommes de se renouveler, de changer leur caractère propre, de renaître. Le principe évolutif du Bovarisme se trouve à la base même de la vie ; il est la loi même du progrès humain. L'éducation, comprise dans sa signification dernière n'est guère que l'application du Bovarisme parce qu'il tend à remplacer la personnalité dans chaque individu, à faire d'un homme un autre homme. Toute amélioration, toute conversion toute évolution psychique est une application du Bovarisme.

Mais tous ne savent ni ne peuvent être des Bovaristes actifs, c'est-à-dire que pas tous savent et peuvent changer leur propre caractère, renouveler leur propre *moi*, en un mot, renaître. Pour que le Bovarisme soit une tendance active, et non une simple théorie philosophique, il faut que le Bovariste, c'est-à-dire celui qui veut renaître, sache faire affluer de la profondeur et utiliser les énergies cryptopsychiques. Il ne peut y avoir de Bovarisme actif sans une volonté ferme de renaissance.

Comme nous l'avons dit, l'homme qui a trouvé le flambeau de la foi, a résolu le problème Bovariste de la renaissance et il l'a résolu avec les critériums les plus économiques possibles, c'est-à-dire en suivant la loi du moindre effort.

La volonté de croire

Les nombreux exemples qu'ont trouvé les hommes d'étude, à l'appui de la théorie que la foi religieuse est le résultat le meilleur auquel puisse aspirer un homme qui recherche la paix intérieure, ont donné naissance à un courant philosophique nouveau, à ce qu'on est convenu d'appeler la « pensée américaine nouvelle » admirablement formulée par William James dans l'ouvrage *Will to believe*, c'est-à-dire : Volonté de croire.

Cette école philosophique nouvelle est une des formes du pragmatisme, et elle veut prouver que l'homme doit faire tout son possible pour croire puisque tout démontre que les bienfaits psychologiques et sociaux de la foi religieuse sont immenses. Ce n'est pas ici le lieu de discuter en détail, sur ces tendances très nouvelles, qui portent à considérer la foi comme un moyen utilitaire de défense individuelle et sociale. On pourrait observer qu'en dernière analyse, le *Will to believe* du psychologue américain William James tire ses origines du fameux *Abêtissez-vous* de Pascal, lequel a reconnu, d'un coup d'œil, la puissance de la volonté dans la recherche d'une foi. Ici nous répétons seulement que la volonté de croire est certainement le meilleur moyen — nous ne voulons pas dire le meilleur expédient — pour conquérir la paix intérieure et trouver la finalité dans la vie. Mais ce moyen n'est pas à la portée de tous et, pour beaucoup de tempéraments, il est tout à fait inefficace.

Les instruments de la renaissance.

La foi religieuse, cherchée par la formule *Will to believe*, est indubitablement efficace pour la renaissance d'un homme qui aurait perdu toute force d'action, qui ne verrait plus dans le monde aucun idéal, aucun but. Mais elle n'est pas absolument indispensable à tous les tempéraments. C'est pourquoi je suis loin de vouloir faire la moindre tentative pour faire dévier mes lecteurs du courant pragmatiste pour lequel ceux-ci peuvent sentir quelque sympathie, attendu que la foi religieuse, dès qu'elle est acquise, est une énorme provision d'énergie capable de produire des miracles. Mais je ne veux pas qu'ils soient exclus du bienfait de la renaissance ces malheureux qui, en dépit des efforts qu'ils ont faits et des fois qu'ils ont appliqué la formule de Pascal, n'ont pas encore réussi à empêcher le travail de la pleine connaissance du *moi* conscient, qui, trop vigilant et gênant, n'a pas permis aux énergies profondes de sortir et de l'aider dans le renouvellement. Ceci ne paraît pas juste.

Tout homme, pourvu qu'il le veuille et qu'il le veuille fermement, a le droit de faire de soi un être plus complet, plus vital, plus énergique, plus apte aux luttes pour la vie, a droit à la félicité, à la paix intérieure : tout homme, pourvu qu'il le désire noblement, a le droit de se vaincre soi-même en utilisant les forces endormies de son *moi* profond. Pourvu qu'il le désire noblement ! Ceci est la condition indispensable de la réussite. Sans un noble effort de volonté, sans un propos sérieux de faire de soi un homme nouveau, il est impossible d'agir sur les énergies cryptopsychiques et de les attirer à la surface. Le propos doit être austère et prendre la forme d'une prière solennelle, et la renaissance, à laquelle on aspire, ne doit pas présenter un caractère frivole et théâtral, autrement on risquerait d'être les comédiens, non les artisans de sa propre vie.

Les instruments de la renaissance sont variés et tous ont une nature psychologique. Tout homme doit se servir de l'instrument psychologique qui est le plus conforme à ses tendances. Expliquons-nous un peu en détail, car ceci est un point important de notre travail, sans l'intelligence duquel il n'est pas possible de retirer de notre œuvre les avantages que nous espérons que les autres en retirent.

Sympathies psychiques.

Les sympathies psychiques sont indéniables.

Chacun a une *sympathie d'imagination* spéciale. En d'autres termes, chacun a une manière spéciale d'associer les idées.

Le mode d'association des idées varie d'individu à individu : il est même la caractéristique individuelle la plus saillante. Il n'y a pas deux individus qui associent leurs idées propres d'une manière égale et identique. L'éducation tend, il est vrai, à rendre uniforme le mode d'association des idées, mais elle n'y réussit qu'en partie et, dirons-nous, seulement par les idées fondamentales de la connaissance. L'individualité intelligente est caractérisée par le mode d'association. S'il était possible de trouver deux hommes qui associassent leurs idées de la même manière, on pourrait, en causant avec l'un d'eux, prévoir tout ce que pourrait penser l'autre individu. Mais cela n'est guère possible. Il peut y avoir dans ceci des ressemblances, jamais des identités. En présence d'une sensation, d'une émotion, d'un spectacle, chacun de nous a une association d'idées spéciale. Je m'explique au moyen d'un exemple, en avertissant mes lecteurs que j'éviterai d'employer le langage rigoureusement technique de la psychologie. Quand A voit un chien, il associe dans son esprit toutes ces idées qui se rapportent non au chien, mais aux souvenirs, aux événements qui se rapportent à l'idée chien. Si A, par exemple, a été mordu par un chien, il est fatalement attiré vers une association d'idées dans laquelle les images seront désagréables, fatalement désagréables, parce que l'idée-mère est dans ce cas un souvenir désagréable.

Si, au contraire, A, dans une circonstance quelconque, a été sauvé par un chien, à la vue d'un de ces animaux il sera fatalement attiré vers une association d'idées se rapportant à des images agréables. Il se sentira porté à un mouvement de sympathie, de rapprochement, de caresse.

B a perdu toute sa fortune dans une spéculation de Bourse : il lui tombe sous les yeux un bulletin de Bourse. Ses idées sont fatalement attirées autour de l'idée-mère du déplaisant souvenir. Il se sentira attiré instinctivement vers un mouvement de répulsion.

Si, au contraire, B doit son aisance actuelle à une spéculation de Bourse heureuse, à la vue de ce bulletin il associera à l'idée-mère un sentiment de vive satisfaction.

C'est par milliers qu'on pourrait citer les exemples, mais le lecteur pourra le faire de lui-même quand il voudra élucider le concept de *sympathies psychiques*. Je me borne à ajouter que ces *sympathies psychiques* ne sont pas fixes pendant toute la vie de l'individu qui les éprouve. Elles peuvent varier en même temps que varie et se modifie la cause initiale qui les a produites. De la possibilité de varier le mode d'association des idées naît la possibilité de donner à l'intelligence une sympathie d'imagination, c'est-à-dire qu'il naît la possibilité de donner un orientation diverse à notre âme en présence des différentes contingences de la vie. En admettant que l'on puisse arriver à changer le mode d'association des idées, nous avons la possibilité d'exercer une influence sur notre caractère et réaliser ainsi ce Bovarisme dont nous avons expliqué plus haut les caractéristiques ; c'est-à-dire que nous pouvons réaliser une renaissance en traçant les lignes distinctives d'un nouvel individu en nous, lequel, tout en ayant toujours la même connaissance, peut agir très différemment de l'individu auquel nous l'avons substitué.

Tout ce travail peut sembler très métaphysique à quelqu'un de nos lecteurs peu versé dans les récentes études de cryptopsychologie. En effet, l'argument très nouveau ne permet pas une exposition trop limpide ; mais nous avertissons les lecteurs que par sa nature théorique ce chapitre trouvera plus loin l'application en formules pratiques, comme cela est juste dans un livre qui prétend être, non un traité de métaphysique, mais un guide pour les hommes qui cherchent l'équilibre et la paix intérieure et qui veulent influer par le moyen de la pensée sur leur propre organisme et sur leur propre destinée.

Voilà donc les instruments psychologiques de la

renaissance tout indiqués : l'homme peut changer sa sympathie d'imagination, c'est-à-dire que cette association individuelle d'idées qui constitue la physionomie psychique, il peut la changer en suggérant à soi-même des associations nouvelles, comme dans un travail de mnemotechnie, en influant ainsi lentement et comme par inadvertance sur son propre caractère.

Cette transformation est obtenue, comme on voit, par la simple conscience, sans qu'il soit besoin de requérir encore l'aide des énergies profondes. Voilà pourquoi la transformation est très lente, inopinée et demande sans doute un travail prompt et continu de tous les jours.

Miracle psychique?

Mais, demandera-t-on, comment peut se produire ce miracle psychique que vous appelez changement d'association d'idées ?

Comment pourrons-nous jamais faire en sorte que quand dans notre cerveau deux idées sont fatalement associées elles se scindent et que l'une d'elles disparaisse pour laisser la place libre à une autre idée qui nous est plus utile aux fins que nous désirons obtenir ? Et où va-t-elle se cacher, la première idée qui, selon vous, cède si gracieusement sa place qui lui est assignée par la nécessité psychologique ?

Supposons, continue-t-on à demander, que dans

mon cerveau l'idée d'*amour* s'associe à celle de trahison à cause de certaines aventures qui me sont arrivées : de quelle façon pouvez-vous rejoindre une désassociation de ces deux idées et substituer à celle de *trahison*, par exemple, l'idée de *bonté* ? Comment effectuez-vous cette thaumaturgie psychique ? Où chassez-vous l'idée de *trahison* et d'où faites-vous sortir celle de *bonté* ? Comment détruisez-vous la première association et comment créez-vous la seconde ?

Il faudrait écrire un volume entier pour répondre d'une manière détaillée à cette question. Je me contente d'indiquer légèrement les réponses, confiant que les lecteurs combleront eux-mêmes les lacunes inévitables du raisonnement.

Nous ne sommes ici en présence d'aucun miracle. L'opération n'a rien de surnaturel. Il s'agit d'un phénomène des plus communs que nous reproduisons tous les jours sans nous en apercevoir.

Notre cerveau associe et désassocie continuellement les idées selon la nécessité du moment : quand il ne réussit pas à le faire, c'est que l'individu a une tendance à l'*obsession*. Les degrés de l'obsession sont infinis et il y a obsession toutes les fois que dans notre cerveau il se forme et s'établit une association d'idées *qui n'est pas utile*, qui nous est désagréable, qui nous fait souffrir, qui nous met dans un état d'angoisse ; qui, en un mot, nous est nuisible dans la lutte pour la vie.

Toutes les fois que dans notre cerveau deux idées

s'associent et produisent une émotion angoissante, nous sommes portés à la *phobie* et nous entrons dans le champ de la pathologie. — Mais normalement ce fait ne se produit pas. Normalement, chez l'individu *sain*, le cerveau repousse ces associations d'idées qui ont la tendance à produire l'émotion systématisée, c'est-à-dire, la phobie. Dans l'imagination de l'homme sain, il se fait une sorte de choix automatique ; ces associations qui ne sont pas utiles, qui tendraient à se fixer et à se systématiser, en donnant lieu à l'obsession sont inexorablement supprimées et refoulées dans l'inconscient, dans le *moi* profond où elles vont dormir avec les énergies cryptopsychiques dont nous avons parlé. — Cette disparition de la conscience est opérée par les nécessités individuelles du moment. Nous n'avons qu'à nous interroger pour trouver, par centaines, les exemples qui démontrent l'absolue authenticité de ce que nous avons dit. Le nier serait tout simplement absurde.

Vous êtes préoccupé, par exemple, par un propos peu courtois qu'a tenu sur vous un ami. — Vous êtes dans un moment de véritable obsession. Ce propos désobligeant a systématisé une émotion désagréable dont vous souffrez. — Vous vous efforcez de n'y plus penser, vous vous dites, qu'après tout, il ne faut pas donner du poids aux paroles d'un mal élevé, mais vous n'arriverez pas à désassocier le groupe d'idées qui vous domine. Si cet état d'émotion continuait pendant longtemps, vous le comprenez clairement, vous seriez poussé à quelque réaction excessive, insulter votre ami, le défier etc., etc. — Mais voici qu'il intervient un fait libérateur ; en rentrant chez vous vous y trouvez un télégramme qui demande votre présence urgente hors ville pour terminer une affaire. — Et voici que la désassociation s'opère automatiquement. Le groupe d'idées obsédantes vous serait nuisible en ce moment où vous avez besoin de votre complète liberté d'esprit, et le groupe se disloque. L'idée de la parole discourtoise a été chassée par une autre idée et elle est descendue dans ce que nous appellerons « *l'oubliette* », elle s'est éclipsée.

C'est à satiété que l'on pourrait citer des exemples de ce genre : chacun en pourra trouver pour soi. La désassociation des idées est un fait qui se produit journellement, d'une manière tout à fait naturelle, mais elle ne se produit seulement que lorsqu'il y a une *extrême nécessité*, une grande raison d'utilité.

La désassociation des idées peut être considérée, en somme, comme une défense de l'individu. Or, pour produire volontairement la désassociation des idées, il faut faire naître cette nécessité, il faut nous donner à nous-mêmes une raison d'utilité pour qu'elle opère d'une manière — disons : artificielle — la production du phénomène. Et c'est juste ici que semble surgir la difficulté ; quant à la raison d'utilité, elle n'est pas difficile à trouver ; elle réside précisément dans le désir de désassocier les idées qui produisent en nous un état d'émotion désagréable. Mais, — objectera-t-on — notre intervention volitive est tout à fait inutile, s'il est vrai que la désassociation s'opère automatiquement et s'il est vrai qu'il y a, dans le désir de faire cesser l'émotion désagréable, une raison suffisante d'utilité, le phénomène doit se produire de lui-même. Rien n'est plus vrai ; mais alors toutes les obsessions, toutes les phobies dont souffre l'humanité ne devraient pas exister, puisque le malade de phobie est le premier à s'apercevoir de l'absurdité de ses idées obsédantes ; c'est un fait aussi que ces phobies ne guérissent pas *naturellement* et qu'il faut les guérir. Donc ? Il ne peut y avoir qu'une seule conclusion à ce que nous avons dit : c'est qu'il faut procéder à la désassociation des idées avec les mêmes critériums au moyen desquels on procède à la guérison des *phobies*.

Dans la suite nous parlerons encore de la guérison psychique des obsessions ; indiquons maintenant le procédé par lequel on arrive à produire la désassociation des idées. Ce procédé est contenu dans l'opération consistant à *faire appel aux énergies cryptopsychiques, pour que celles-ci renforcent et viennent en aide à la nouvelle nécessité psychologique laquelle substitue une idée agréable à celle qui est désagréable.*

Cette phrase indique que nous donnons à la *prière* prise dans son sens étendu, une importance très grande, comme facteur de désassociation des idées désagréables et par conséquent, dans la guérison des obsessions.

On comprendra mieux à présent pourquoi nous

avons donné à la foi une si grande importance comme facteur de rénovation et par conséquent de félicité.

Ce qu'il faut entendre par la prière.

Mais ici, il s'agit de s'entendre sur la signification que nous donnons à la « prière ».

Pour le vrai croyant en un Être supérieur duquel dépendent toutes choses, la prière a une signification qui n'a pas besoin qu'on l'explique. Le vrai croyant se tourne par la prière vers l'Être Suprême pour l'exaucement de ses désirs. Mais cela seul n'est pas la prière.

Le besoin de prier peut être ressenti aussi par des personnes nullement croyantes : et nous en serons convaincus si, en remontant à l'origine de la prière, nous constatons comment elle est une nécessité organique qui se manifeste en des formes variées, mais qui souvent se cache sous des apparences qui peuvent complètement la simuler.

Un subtil psychologue portugais, Da Costa Guimaraens, a démontré (*Revue philosophique*, 1902) que le besoin de prier se rattache à l'origine du langage.

« Répondre à la question : Pourquoi l'homme parle-t-il ? c'est répondre à cette autre question : Pourquoi l'homme prie-t-il ? — Le langage est un cri du corps, comme la prière est un cri de l'âme. » — Impossible de mieux définir la prière.

Considérée comme « un cri de l'âme », la prière est un besoin universel. Tous nous prions, qu'il en plaise ou en déplaise à messieurs les rationalistes. Tous, dans certaines circonstances données de la vie, nous avons besoin *de recourir à quelqu'un ou à quelque chose qui est en dehors ou en dedans de nous* pour augmenter notre vitalité et rétablir l'équilibre rompu par ces circonstances mêmes. Le cri de l'âme est toujours une invocation que nous faisons pour réclamer l'aide d'énergies nouvelles.

Que cette prière soit adressée à un Être suprême ou à un saint protecteur, au Dieu immanent ou à nos énergies intérieures, à notre *courage* ou à un ami, au parent, à la personne que nous savons être à même de nous consoler, à un mort ou à un vivant ; ou qu'elle soit un cri d'imploration sans que nous ne sachions nous-mêmes pourquoi il nous échappe de l'âme ni à qui ni à quoi ce cri soit adressé, peu nous importe maintenant de le savoir ; le fait existe toujours que le besoin de prier existe, que personne ne s'y soustrait et *que le bienfait que procure la prière est toujours réel.*

Le bienfait de la prière est toujours réel et il est toujours en rapport avec le degré d'intensité du « cri de l'âme ».

Envisagée sous cet aspect, la prière nous apparaît comme un instrument admirable de perfectionnement que l'humanité a trouvé instinctivement et que l'évolution, à l'encontre de ce qu'affirment les matérialistes, a toujours perfectionné et perfectionnera toujours davantage jusqu'à la rendre toute puissante.

Nous avons dit que la prière prend des formes simulatrices qui la rendent presque méconnaissable à un coup d'œil superficiel mais qu'une analyse attentive découvre clairement.

Voyons un exemple :

Un homme qui, à un moment de sa vie, se propose, par exemple, de renoncer au vice d'ivrognerie, s'impose un effort de volonté.

S'il croit en Dieu, il priera Dieu de lui donner la volonté nécessaire pour étouffer le monstre affreux de l'alcoolisme ; s'il ne croit pas en Dieu il se priera à *soi-même*, c'est-à-dire à cette partie de lui-même qu'il *sait être meilleure* pour trouver la force d'âme nécessaire pour résister à la tentation : en tous cas, c'est toujours une prière, que fait cet homme, mais, selon le cas, il n'aura pas la notion d'avoir prié et il croira avoir vaincu le vice par la seule force de sa volonté. En effet, c'est très vrai ; sa volonté a été de s'opposer au vice, mais cette volonté est devenue telle, grâce aux énergies nouvelles qui ont jailli de son *moi* profond, de cet immense réservoir auquel nous avons recours au moment du besoin.

La prière a été retournée vers les énergies cryptopsychiques dans un langage que le croyant en Dieu ne reconnaîtrait certes pas, mais que le psychologue peut classifier. « Ce qui commande en nous c'est ce qui se réveille en nous », a dit Marc-Aurèle, le sage des sages, et la prière sert justement à réveiller en nous la partie la meilleure.

Paragraphe résumé.

Je crois utile de résumer brièvement dans ce paragraphe, sous forme d'aphorismes, les idées exposées dans le chapitre et cela pour la commodité de ceux de nos lecteurs qui ne sont pas familiarisés avec les nouveaux courants psychologiques.

Le problème du bonheur, c'est-à-dire le problème central que l'homme veut résoudre à tout prix, trouve son équivalent dans le problème de la renaissance.

Tout homme pour trouver la paix intérieure, reflet de la santé, de la jeunesse, de la bonté, doit se renouveler puisque c'est dans le renouveau qu'est la vie et dans la stagnation la mort.

L'incapacité de renaître conduit à l'apathie, au pessimisme organique, à la mort.

Peut-être le suicide n'est-il que la solution négative du problème : l'homme se suicide lorsqu'il a l'intuition que, par une grande douleur, pour une série de motifs, il a perdu toute espérance de la capacité de renaître.

L'apathie, le pessimisme, la mort morale de tous les jours, sont des formes lentes de suicide : l'individu, incapable de renaître, se laisse mourir, minute par minute. L'homme qui ne se renouvelle pas est un meurtrier quotidien de soi-même.

L'homme possède naturellement la faculté de renaître; mais le vice, une vie immorale et désordonnée, la réflexion excessive sur soi-même (qui est une forme de vie désordonnée parce qu'elle est nuisible à l'individu) tuent en lui cette faculté.

La conscience excessive de soi-même, l'analyse hypercritique, celle qu'on peut appeler la maladie d'Amiel, tue en nous l'action et partant la faculté de nous renouveler.

Les croyants ont résolu le problème de la renaissance par la foi religieuse qui est un instrument admirable trouvé par l'homme pour augmenter sa propre vitalité.

L'homme qui se convertit est l'homme qui retrouve une seconde vie, l'équilibre (James). Le croyant s'est renouvelé parce que les énergies cryptopsychiques ont formé en lui une autre personnalité.

Le Bovarisme est le pouvoir dévolu à l'homme de se concevoir différent de ce qu'il est ; le croyant converti a appliqué inconsciemment le principe du Bovarisme.

Le Bovarisme est la raison d'être de la vie, de l'évolution, du progrès. Il faut que l'homme soit Bovariste.

La volonté de croire, le « Will to believe » de James, est un instrument efficace de renaissance.

La pragmatisme est une foi de volonté, une foi que l'homme s'impose pour l'utilité qui en peut naître. L' « Abêtissez-vous » de Pascal est un principe pragmatiste.

Les instruments de la renaissance sont divers.

La *sympathie d'imagination* est un de ces instruments. La sympathie d'imagination n'est qu'un mode d'association des idées.

Chacun de nous a un mode spécial, individuel, d'associer les idées.

En face des circonstances de la vie, des phénomènes externes, des impressions, chacun a une sympathie d'imagination à soi.

Cette sympathie d'imagination tend à la fixité, c'est-à-dire que les associations des idées tendent à se fixer dans un système : c'est alors que prennent naissance les obsessions, les passions, les phobies, les maladies mentales.

La fixité des associations, portant à la systématisation des émotions et par suite aux phobies, aux passions, aux maladies mentales, dérange l'équilibre psychique de l'individu qui en souffre. C'est pourquoi il reste empêché dans son renouvellement : tout son être s'est comme cristallisé.

Il convient de changer la sympathie d'imagination, de briser la cristallisation psychique.

On peut obtenir la *désassociation des idées*, et par suite le renouvellement psychique, par un lent labeur conscient, en s'efforçant de faire des associations nouvelles ; mais le résultat que l'on obtient est trop insensible et est de peu de service à l'individu qui a hâte de se renouveler.

Pour obtenir la rupture rapide de la cristallisation, la désassociation des idées, il faut faire appel aux énergies cryptopsychiques ou énergies cachées, parce que celles-ci s'entremettent pour porter des motifs nouveaux de la nécessité de désassociation.

Cet appel est en dernière analyse une prière.

La prière est chez tous les hommes un besoin. Tous les hommes, dans des circonstances données de la vie, prient. Il y a la prière *masquée*. Pas n'est besoin pour prier d'être croyant. L'athée prie tous les jours.

L'homme qui fait appel à sa propre volonté pour se surpasser et pour vaincre, prie, et c'est précisément cette partie de soi-même qu'il présume apte à lui donner le renfort nécessaire, qu'il prie.

Le besoin de prier se rattache au besoin de parler. La parole est un cri du corps comme la prière est un cri de l'âme.

Les bienfaits que nous retirons de nos énergies cryptopsychiques sont en rapport direct avec la ferveur de la prière elle-même.

Se concentrer signifie prier.

S'étendre, conquérir, dominer le monde veut dire dépenser, employer les bienfaits de la prière obtenus par la concentration.

L'expansion continuelle est impossible : elle doit être sagement alternée avec la concentration, c'est-à-dire avec la prière.

La prière équivaut à une intensification d'énergie, à une provision de forces psychiques. La prière est par conséquent utilitaire.

C'est un moyen de défense individuelle que l'évolution tend toujours de plus en plus à perfectionner.

CHAPITRE IV

Les volontaires de la vieillesse.

SOMMAIRE :

Une fatale erreur de perspective. — Une découverte désastreuse: Je vieillis ! — La complicité du miroir. — Courte psychologie du vieillard précoce. — La vieillesse sans gloire. — Ceux qui vieillissent avant l'âge ressemblent aux volontaires de la mort. — La vieillesse est une mort lente. — La faute de la vieillesse. — Une affirmation de Gœthe : si l'homme le veut, il ne meurt pas. — La vérité absolue et la vérité relative de cette affirmation. — L'idée fixe de vieillir. — Quelles sont les lignes générales de la guérison de la vieillesse ?

« La majeure partie des hommes sont de précoces vieillards. »

La vieillesse sans gloire.

Pour jouir d'un état suffisant de santé physique et morale, l'homme devrait remonter journellement le *ton* de sa vitalité, il devrait se sentir croître jour par jour en gaieté, en enthousiasme, dans le désir de vivre.

Au lieu de cela, c'est précisément le contraire qui arrive. Par une triste erreur de perspective, l'homme, à mesure qu'il avance en âge, sent se ralentir et journellement s'affaiblir l'impulsion de vie.

L'homme accomplit cette illogique et désastreuse opération qui a nom « vieillir » et il l'accomplit, pourrait-on dire, avec une progression géométrique. Quand l'homme commence à se dire avec un accent profondément triste : « Hélas, je vieillis ! » il exerce une auto-suggestion fatale. La beauté du monde se recouvre de voiles toujours plus épais et plus funèbres ; les sens se revêtent d'une couche épaisse de « ouate » et s'émoussent ; les éclatantes couleurs de l'univers se ternissent et se fondent en un gris uniforme et mélancolique ; les musiques du grand orchestre arrivent à son oreille ou stridentes ou affaiblies. La pression atmosphérique, négligée aux années insoucieuses de la « belle jeunesse », pèse toujours plus lourdement sur lui, embarrassant ses mouvements, retardant ses pas chancelants. Ses lèvres désapprennent de jour en jour le sourire comme si les muscles faciaux avaient perdu toute élasticité. D'ailleurs, pourquoi sourirait-il le mélancolique vieillard qui aperçoit ses pieds sur le bord de la tombe ? S'il lui arrive de sourire, une horrible grimace de mépris et d'envie enlaidit encore davantage son masque d'homme déprimé et inapte à vivre.

Dès le jour où, avec la complicité du miroir, il s'est découvert sur le visage la dissolution de la vieillesse, l'œuvre de la mort est commencée en lui ; à partir de ce jour, toute son activité physique s'est tournée vers le creusement de la fosse qui l'attend et toute son activité psychique est employée à composer dans un macabre silence sa propre épitaphe...

Quelle tristesse dans cette désagrégation ! Et quelle tristesse plus grande nous envahit encore quand nous pensons que tout ceci nous semble naturel et logique !

Vieillir ! rien n'est plus horrible, mais rien n'est plus fatal et plus nécessaire — pense l'homme avec un stoïcisme apparent. C'est la loi inviolable de la vie et la nécessité suprême de toute chose vivante. Comme l'homme, du jour où il a fait la navrante découverte, se résigne paresseusement et s'affaisse dans la ruine de toute son activité et laisse tout courage fuir par les multiples fissures de son *moi* !

Il vieillit et c'est bien logique et bien juste et bien « inhumainement humain » qu'il devienne faible, tremblant, peureux, que tout son souci et toute sa pensée anticipent sur le sommeil de la mort et qu'il repousse comme un péché honteux toute tentative de joie que, parfois, fait son être profond pour le rappeler à une vie moins affaissée.

Du jour où l'homme a vu, derrière ses épaules courbées subitement, se dresser l'épouvantail de la mort, il est devenu d'une bassesse indigne.

Depuis qu'il vieillit, toute son attitude est celle de celui qui s'excuse de vivre encore, comme si sa vie à lui était une usurpation illégale d'existence et qu'il aurait presque perdu le droit de manger le pain quotidien. Et comme il craint que la jeunesse lui reproche son entêtement à rester en vie !

La faute de la vieillesse, c'est nous-mêmes.

Observez les vieillards dans les familles nombreuses. C'est un spectacle qui serre le cœur d'une immense pitié.

Ils circulent dans les pièces, craignant de faire du bruit, se gardant de toute attitude dénonçant trop ouvertement leur présence. Ils s'efforcent d'étouffer toute quinte de toux et parlent à voix basse pour ne pas affecter désagréablement les oreilles des jeunes. Ils ressentent toute la responsabilité de leur vieillesse ; la conscience de leur inutilité prend possession de leur esprit comme une horrible *phobie* et alors même qu'ils sont entourés de parents bons et compatissants qui mettent tous leurs soins à soulager la tristesse de ces êtres qui vont mourir, même quand l'atmosphère qui les environne est saturée de bonté et de bienveillance, les vieux s'abîment dans leur misère physique et morale et n'osent jeter leurs regards au-delà de leur propre bière anticipée. Tout désir de vie et de jouissance leur semble une coupable anomalie.

Chacune de leurs paroles, chacune de leurs phrases ont une signification blessante. Elles n'ont qu'un seul but : Faire comprendre que leur ennuyante présence ne durera plus longtemps et que bientôt ils vont « nous débarrasser » et se renfermer pour toujours « chez eux ».

Ils sont les premiers à admettre la boutade d'un auteur français qui a dit que la loi devrait obliger les vieillards à porter un masque pour ne pas troubler « la belle insouciance de la jeunesse ».

Les vieillards — tous ces vieillards qui, comme nous le verrons, ont bien « voulu l'être » — sont des timides par insuffisance d'énergie et ils ressentent la responsabilité de leur état. A les voir si déprimés et craintifs, si réfractaires à tout sujet de joie, on dirait des criminels.

Et ils sont coupables, en effet, ces vieillards ; coupables de la faute la plus lourde, qui puisse entacher l'âme humaine : celle de n'avoir pas compris que la vie veut être vécue pleine et intense jusqu'au moment de fermer les yeux ; de n'avoir rien tenté pour se vaincre soi-même et gagner la grande bataille contre la mort prématurée.

Coupables sont-ils aussi de n'avoir pas retrouvé dans leur âme le *divin*, de n'avoir pas écouté le rappel profond de leur *moi* caché ; ils sont coupables de s'être complus dans un sommeil oisif dans lequel leurs énergies sont restées inactives.

Ces vieillards ont *voulu* être tels et c'est pourquoi je les appelle les *volontaires de la vieillesse*. Ils sont coupables d'avoir abandonné la jeunesse comme les suicidés sont coupables d'avoir abandonné la vie. Ces vieillards et les suicidés se ressemblent. On peut même dire d'eux qu'ils sont frères. Les volontaires de la vieillesse présentent une seule différence avec les volontaires de la mort : c'est qu'ils n'ont pas eu l'énergie suffisante pour se procurer cette fin qu'ils se procurent au lieu de cela à doses homéopathiques. Mais au fond, le résultat qu'ils obtiennent est le même ; les volontaires de la vieillesse sont des suicidés qui assistent heure par heure à leur mort.

Comment se produit le phénomène de la vieillesse précoce.

Le phénomène de la vieillesse précoce n'est pas difficile à expliquer.

Il commence à se manifester en un moment de grande fatigue physique et morale, en un de ces moments où tout symptôme de volonté, d'énergie, de vie est éteint. C'est alors que l'homme se dit : Je me fais vieux; c'est alors que l'idée néfaste se niche insidieusement dans son cerveau pour n'en plus sortir.

C'est alors qu'a lieu la formation d'une véritable idée fixe, d'une vraie phobie, d'une véritable obsession. La phobie n'est qu'une émotion systématisée. L'homme s'est dit: *Je vieillis*; et autour de ce noyau toutes ses idées se sont cristallisées. L'idée-mère de vieillir devient le centre d'un système qui prédomine toute son imagination. L'homme devient esclave de cette idée à laquelle toute activité se subordonne ; toute sensation passe — je dis comme ceci afin de mieux m'exprimer — au crible de cette idée et en demeure altérée. Tout l'être est asservi à la tyrannique pensée. Ce qui était auparavant une source de joie devient une source d'amertune. L'homme n'a pas perdu le désir de jouir, loin de là, mais ce désir trouve un obstacle insurmontable dans l'idée fixe et ne se réalise plus. La source du plaisir est empoisonnée par la présence d'un élément nouveau. Et c'est alors que la vieillesse se produit réellement. L'organisme subit l'influence de la pensée. Le corps s'affaisse sous le poids toujours plus lourd de cette idée fixe. Les fonctions physiologiques se ralentissent; l'échange devient paresseux. La *puissance trophique* s'altère et l'organisme dépérit par le fait d'une nutrition insuffisante. Les signes extérieurs de la vieillesse ne tardent pas à se manifester. La peau se ratatine et se décolore ; les rides apparaissent ; les cheveux tombent et blanchissent, l'échine se ploie, les jambes perdent leur élasticité, la fatigue pénètre dans tout l'organisme. — La vieillesse physique a fait son apparition. Les théories pour expliquer la vieillesse sont variées ; la plus récente, celle de Metchnikoff, paraît aussi la plus scientifique. Mais, quel que soit le mécanisme physiologique de la vieillesse, il est aussi toujours prouvé que ce mécanisme est puissamment accéléré par l'âme.

Et c'est alors que — ayant comme centre l'idée fixe, la phobie de la vieillesse — se trace le cercle vicieux. L'homme devient vieux parce qu'il a peur de vieillir et il a peur de vieillir parce qu'il devient vieux. L'idée et l'organisme agissent l'une sur l'autre à tour de rôle et l'homme commence à creuser sa fosse. Mais tout ceci n'aurait pas dû arriver, ou, plutôt, n'aurait même pas pu arriver, car qu'il n'y a pas de loi qui contraigne l'homme à la vieillesse précoce.

L'affirmation de Gœthe.

A ce qu'il paraît — entends-je quelqu'un m'objecter — vous avez la conviction que l'homme ne devrait jamais vieillir du moment où vous considérez comme une faute le fait de devenir vieux.

Vous croyez donc que l'on puisse considérer comme une affirmation logique la phrase fameuse de Gœthe : « L'homme, si seulement il le voulait fermement, ne mourrait pas. »

Je dois vous dire de suite que la phrase de Gœthe exprime une vérité, si nous l'interprétons dans un sens absolu. Les calculs de la mécanique pure sont absolus, tandis que ceux de la mécanique appliquée sont toujours relatifs. La mécanique appliquée devra toujours tenir compte des attritions.

Idéalement, il est vrai que si l'homme le voulait bien fermement, il ne mourrait jamais, mais ce degré d'intensité de volonté devrait être tellement élevé que sa réalisation est, pour le moment du moins, impossible.

Pour que l'homme puisse atteindre à un pareil degré de volonté, il est nécessaire qu'il mette en œuvre *toutes* les énergies dont il est capable ; or, cette mise en œuvre *complète* n'est guère possible ; l'homme doit, pour le moment du moins, se contenter d'en faire valoir une partie. Mais cette mise en œuvre partielle est suffisante sinon pour résoudre, au moins pour atténuer le problème de la mort, non pas dans un sens absolu, mais dans un sens relatif ; en d'autres termes, nous pouvons, en le voulant, empêcher la formation du phénomène de la vieillesse jusqu'à sa plus extrême limite possible. Il est absurde d'affirmer que l'homme peut rester éternellement jeune, mais il est vrai d'affirmer que l'homme peut prolonger sa jeunesse beaucoup plus qu'il ne le fait généralement. Et c'est ce que nous allons chercher à indiquer dans les chapitres qui suivront.

Nous avons dit que la phrase de Gœthe n'est, pour le moment, qu'une vérité.

Elle ne sera jamais d'une vérité absolue, pour une raison qui nous paraît bien simple : et c'est que l'humanité n'a aucun profit à ce que l'homme vive éternellement, à moins que la loi de l'évolution ne porte à la création qu'un nombre limité d'hommes d'une perfection irréprochable, chose qui, si elle se trouve dans le concept de certains philosophes, ne semble cependant pas faire partie du plan de l'évolution.

Cette digression métaphysique était nécessaire pour démontrer que l'affirmation de Gœthe, quoiqu'elle soit une envolée lyrique plus d'un poète que d'un savant, cache, dérobe une partie de la vérité dont nous devons tirer tout le plus grand profit possible.

Ce plus grand profit possible consiste à chercher à ne pas devenir des volontaires de la vieillesse, c'est-à-dire à éloigner de notre cerveau l'accès séditieux de la première idée de vieillir.

Mais puisqu'il est juste d'observer qu'empêcher une idée séditieuse de pénétrer dans notre cerveau est chose très difficile, vu que l'idée est précisément séditieuse en ce qu'elle peut pénétrer en nous en cachette, notre effort, après que malheureusement l'idée est pénétrée, doit consister à ne pas lui permettre de tourner à l'idée fixe.

Toute la cure ou traitement de la vieillesse, ou mieux la cure pour prolonger le plus possible la jeunesse, consiste en une opération *dissociative*, cette opération à laquelle nous avons fait allusion au chapitre précédent et dont dépend tout l'*art de se renouveler*.

Cette opération peut s'effectuer par des moyens divers, dont chacun fera le sujet d'un chapitre spécial mais tous, en dernière analyse, ne consistent qu'en un seul procédé : le procédé dissociatif, lequel a pour résultat d'empêcher la formation de l'idée fixe.

Rester jeune — le lecteur en est désormais convaincu — équivaut à se renouveler : et se renouveler équivaut à réveiller en nous l'activité des énergies dormantes.

Nous espérons que le lecteur puisse retirer un réel profit, comme nous l'avons tiré, de l'application de ces conseils qui sont inconsciemment suivis par tous ceux qui ont réalisé le problème de la jeunesse persistante.

CHAPITRE V

Les secrets de la jeunesse persistante.

SOMMAIRE :

L'ivresse quotidienne augmente le ton de la vitalité. — L'ivresse psychologique. — Les boissons alcooliques dépriment le ton de la vitalité. — L'ivresse et les états mystiques. — Qu'est-ce que l'art ? — L'art considéré comme hygiène. — L'art est un instrument dynamogène. — La cure de l'émotion esthétique et comment elle sert à conserver la jeunesse. — Comment doit se faire la cure de l'émotion esthétique.

« Le secret de la jeunesse persistante consiste à contempler le monde avec la joyeuse surprise, quotidiennement renouvelée, de l'enfant. »

E. M.

« Vivre dans le présent en oubliant le passé et sans préoccupation de l'avenir, voilà le secret de la divine enfance et de la jeunesse persistante. »

E M

Ce que c'est que l'ivresse psychologique.

Nous avons dit que l'homme, pour se maintenir en bon état de santé physique et morale, doit journellement remonter le *ton* de sa vitalité.

En ce faisant, il a non seulement la possibilité d'atteindre un bon état de santé mais aussi de jeunesse permanente.

Ce que nous appelons « ivresse quotidienne » est un moyen efficace pour relever le *ton* de la vitalité.

J'espère bien que personne ne pense qu'il s'agit d'une ivresse quotidienne provoquée par des drogues et des spiritueux ; une pareille ivresse, si elle peut donner l'illusion momentanée d'une augmentation du ton de la vitalité, serait tout ce qu'il y a de plus inefficace pour obtenir le but désiré. Tous peuvent s'en convaincre en consultant à ce propos les études médicales les plus récentes qui sont presque toutes, à de rarissimes exceptions près, de violents réquisitoires contre l'usage de l'alcool comme aliment et comme véritable excitant. Je me borne à résumer ces études en une phrase que les lecteurs feront bien de se rappeler toutes les fois qu'ils seront tentés — comme ils l'ont été presque tous — à suppléer à quelque défaut de leur énergie par l'usage ou par l'abus des drogues et de l'alcool.

« L'alcool produit une simple illusion d'augmentation du ton de la vitalité après laquelle a lieu un abaissement proportionné au degré de l'illusion elle-même. » En d'autres termes, si par l'usage de l'alcool vous êtes arrivé à un degré x d'illusion sur votre énergie, à peine les effets de l'alcool ont-ils cessé que le ton de votre vitalité s'abaisse de x degrés de sa moyenne normale. En d'autres termes encore, vous avez cru obtenir un avantage et vous êtes devenus victimes d'une perte considérable. Une série prolongée de ces pertes vous conduit infailliblement à la faillite physique et morale et à une véritable banqueroute frauduleuse.

Le conseil de recourir à l'usage de l'alcool pour se procurer un accroissement d'énergies serait absolument nuisible ; aussi personne jusqu'ici n'a-t-il osé le donner si ce n'est quelque poète bachique dont la poésie a en effet fini à l'hôpital ou dans un asile d'aliénés, ou quelque pseudo-savant ayant un intérêt dans quelque distillerie d'alcool.

Par ces quelques paroles, nous croyons avoir épuisé le thème de l'alcool comme producteur d'énergie réelle, aussi nous proposons-nous de n'y plus revenir.

Comment nous devons réacquérir le sens de la vie.

L'ivresse quotidienne que nous croyons indispensable pour atteindre à un renouvellement et par conséquent à un rajeunissement de nos énergies, doit être exclusivement psychologique.

L'ivresse psychologique engendre une conception optimiste de la vie, conception optimiste qui permet à l'homme d'affronter plus énergiquement et plus sûrement les problèmes de l'existence, qui le prémunit contre la formation des idées fixes et des phobies, qui le recouvre d'une cuirasse solide contre les heurts quotidiens.

Se procurer l'ivresse psychologique signifie activer la circulation du sang et le fonctionnement des tissus et des organes, équivaut à rendre plus rapides les échanges, c'est-à-dire les procédés d'assimilation et d'élimination et activer davantage le pouvoir trophique. Ceci revient à dire que le ton de la vitalité se trouve relevé et que l'individu est rénové et rajeuni.

Les effets de l'ivresse psychologique se font sentir pareillement dans l'imagination de l'individu qui a su la provoquer. L'imagination est rapide, l'association des idées s'effectue avec un automatisme qui ne se produit jamais à l'état d'inertie, les images se groupent spontanément. C'est alors que nous éprouvons le *sens* (sentiment) *de la vie*, que nous avons comme l'impression de nous réveiller d'une léthargie; ce qui à l'état d'atonie nous paraît nébuleux, dépourvu de couleur, de relief, de signification, nous apparaît au contraire dans toute sa *plasticité*. Nous nous sentons vivre; nous trouvons aux choses des rapports que nous ne leur soupçonnions pas tout d'abord ; les hommes qui nous avaient paru méchants et féroces nous paraissent simplement des « endormis », des êtres qui n'ont pas encore su extraire de leur âme les énergies profondes de la bonté. Nous voyons le monde non plus réfléchi dans un pâle daguerréotype, mais dans une netteté et une évidence stéréoscopiques. L'homme se trouve « éveillé ». Il a suivi l'aphorisme génial d'un auteur français qui dit : « Savoir rester toujours à l'état de veille est la moitié de l'art de vivre. » L'ivresse psychologique — nous l'appelons psychologique mais en réalité elle est aussi physiologique et nous l'appelons ainsi pour déterminer ses origines en dehors de tout effet alcoolique, — rend possible l'emploi d'énergies qui d'abord se trouvaient dans la zone de l'inconscient et demeuraient inactives dans les profondeurs du *moi*. On la peut encore envisager comme un état très voisin de l'extase. En effet, elle est un état mystique parce qu'en elle « devient conscient tout un ordre de rapports occultes insaisissable par nos sens à l'état normal ».

Le ton vital.

Godfernaux a dit : « On peut considérer l'organisme comme un réservoir d'énergie à tension variable qui se renouvelle et s'épuise non-seulement par la voie des sens, mais encore par d'autres voies. Tout cet échange que nous appelons en bloc la vie organique, constitue une source permanente d'excitations, exaltantes ou déprimantes, qui se traduisent dans ce sentiment instable de notre ton vital qui s'appelle la cénesthèse. Il en résulte une sorte de va-et-vient, d'oscillation rythmique, de sentiment vague, plus ou moins intense, de bien ou de mal être, de joie ou de tristesse sans causes connues et évidentes. Chez certains individus, riches de vie, ces oscillations se produisent au-dessus du point d'indifférence; et ceux-ci sont les joyeux ; chez d'autres au-dessous et ceux-là sont les tristes ».

– Or, l'ivresse psychologique a précisément pour objet de produire ces oscillations au-dessus du point d'indifférence et de les produire le plus durablement possible.

La maladie du siècle.

Les dernières études sur la neurasthénie démontrent d'une manière désormais certaine que la terrible maladie du siècle n'est autre chose qu'une insuffisance du ton vital. Dans les états neurasthéniques, les forces nerveuses de l'individu sont singulièrement déprimées, c'est-à-dire que le ton vital est au-dessous du point « d'indifférence ». Par conséquent, le neurasthénique est un déprimé, un malheureux auquel manque tout instrument de vie, un pessimiste qui assiste en tremblant au tragique spectacle de la vie, et qui ne peut tirer de son système nerveux l'énergie qui lui est nécessaire. Le neurasthénique est un « endormi » qui rêve de vilains rêves, à qui le sens de la réalité échappe et qui doit chercher sa guérison dans l'augmentation du ton vital. Qui dit neurasthénie dit la cohorte infinie des troubles physiques et moraux qui en forment le triste cortège et qui parle de la guérison de la neurasthénie, dit le réveil complet de l'individu, c'est-à-dire l'emploi de ces énergies cryptopsychiques qui chez les neurasthéniques, plus que chez les autres, demeurent absolument inactives.

La neurasthénie peut être considérée comme une vieillesse précoce.

L'art qui rajeunit.

L'homme qui veut se renouveler et rester jeune doit produire cette ivresse chaque jour. Mais de quelle manière peut-il réaliser cette tentative ? Nous avons déjà insisté plusieurs fois sur le fait que les mystiques dans leur extase réalisent d'une manière merveilleuse cette tentative, mais l'extase est quelque chose de plus, sinon de différent, que l'état que nous nous proposons d'atteindre comme traitement de la sénilité.

L'extase est l'ivresse psychologique élevée à son exposant le plus haut : mais l'extase mystique n'est pas un produit, disons-le, de tout laboratoire humain. Il n'est pas donné à tous les hommes de planer dans les espaces azurés, dans l'extase mystique et même, si tous le pouvaient, nous qui reconnaissons aussi à l'extase mystique l'expression la plus grande de l'édonisme et l'état le plus heureux que l'homme puisse atteindre, nous sommes les premiers à n'en pas conseiller la diffusion. Et cela parce que l'extase mystique étant, en dernière analyse, une manifestation de l'égoïsme, son état n'est pas utile à l'humanité, même il est socialement nuisible.

L'extase mystique représente pour nous l'exagération de l'ivresse ; elle est l'abus, l'anormalité et partant un état que la société a intérêt à ne pas laisser se généraliser.

L'homme, au contraire, doit faire un ample usage de l'ivresse.

Les instruments pour la production de l'ivresse intellectuelle sont variés.

L'art est un des premiers moyens dont l'homme peut disposer pour produire la dynamogénie.

La question : *qu'est-ce que l'art ?* a intéressé tous les penseurs ; les théories sur ses origines et sur son but peuvent être considérées comme infinies et ce n'est pas ici, dans cet essai de psychologie populaire, le lieu de l'examiner, même fugitivement. Mais nous croyons hors de propos d'énoncer brièvement une hypothèse qui, selon nous, répond suffisamment à la demande que les penseurs de tous les temps se sont posée.

Nous considérons l'art comme une tentative que fait l'humanité pour augmenter les ressources propres de la vie. Selon cette théorie, l'art ne serait qu'un moyen dynamogène ayant précisément pour effet de rehausser notre ton vital. L'art est un instrument qui met l'homme sur la voie de l'état mystique : c'est-à-dire qu'il a, psychologiquement, les mêmes effets que les tentatives religieuses et mystiques : il extrait du *moi* profond les énergies qui dorment pour les amener à la surface et intensifier de cette manière le ton vital de l'individu en le soustrayant à son inertie habituelle.

Cette théorie est, en effet, suffisamment prouvée par les effets physiologiques, étudiés dans ces dernières années, qui accompagnent l'émotion extatique. Quand un homme est sous l'impression artistique — quand, par exemple, il écoute de la musique qui lui plaît, quand il regarde un tableau qui l'attire ou qu'il lit une poésie qui l'émeut — sa circulation est plus active, les échanges se font plus rapides, les conditions organiques sont meilleures, ces oscillations rythmiques dont nous avons parlé se produisent au-dessus du point d'indifférence. L'homme jouit d'un réveil total de ses forces.

L'origine des arts se rattache au besoin qu'a eu l'humanité d'exciter tous ses sens pour en retirer un ton de vitalité plus relevé pour « réveiller » ses propres énergies dormantes.

L'impression artistique, ou mieux l'émotion artistique, doit être recherchée journellement par les hommes qui veulent conserver longtemps leur jeunesse.

L'art, comme la prière, comme l'état mystique, est un instrument de renaissance. C'est pourquoi on a eu raison de considérer l'art comme une hygiène. Quant à nous, nous l'estimons comme un des meilleurs préservatifs de la vie que l'évolution ait produit dans son raffinement séculaire de l'organisme humain.

Pas mal de lecteurs en entendant affirmer hardiment que l'émotion artistique est une bonne cure contre l'envahissement de la vieillesse, seront tentés de sourire et jugeront peut-être quelque peu imbue d'humorisme notre assertion qu'une musique agréable ou que la lecture d'un roman attrayant, rajeunissent un homme et retardent l'apparition des rides sur son visage. Beaucoup encore voudront se féliciter avec nous de ce que nous ayons enfin découvert l'élixir de longue vie, renfermé dans un volume de poésies ou dans une partition de musique. Nous ne pouvons accepter ces félicitations parce que notre modestie ne nous permet pas de prendre un brevet d'invention pour une méthode que l'humanité a toujours adoptée. Il est indubitable que le peu de jeunesse qui s'épanouit encore en un sourire sur le visage de l'humanité en travail ne soit un effet de l'art et que si celui-ci n'avait pas été inventé, une sénilité plus grande encore serait le résultat d'une telle lacune. Du reste, tous les penseurs ont compris et exprimé cette vérité, depuis Shelley qui disait qu' « un beau poème est une *fontaine* toujours jaillissante de sagesse et de félicité » jusqu'au musicien Lombard qui écrivait : « La musique réjouit et ennoblit l'homme en le retenant de s'adonner aux passions rongeantes. Elle contribue à sa santé et à sa longévité. » On peut déduire de ces brèves considérations sur l'origine du phénomène esthétique que la valeur d'une œuvre d'art est en raison directe du degré d'énergie que celle-ci peut renouveler dans les hommes. La seule et unique règle esthétique au moyen de laquelle nous devons juger les manifestations artistiques est contenue dans la constatation de ces effets : l'art qui augmente en nous le ton de la vitalité est toujours un art recommandable et celui qui, au contraire, le déprime est toujours un art à proscrire. Si après la lecture d'un livre, vous vous sentez plus égayé, plus frais, plus *nouveau* dans la vie, vous pouvez être certain d'avoir lu un bon livre et dont vous pouvez propager la diffusion en conscience. Si, au contraire, les pages d'un écrivain vous jettent dans un état d'atonie mélancolique et sèment dans votre âme l'inquiétude et la désespérance, d'où il résulte que toutes vos énergies vitales se sont affaiblies, vous êtes en droit de considérer cet écrivain comme un de vos ennemis et de rejeter son livre. Non seulement, c'est un mauvais artiste, mais c'est un homme immoral.

La musicothérapie.

On pourrait écrire un gros volume sur les effets thérapeutiques de la musique, tellement sont innombrables les faits que l'on pourrait citer à l'appui de notre thèse ; thèse dont nous ne vantons nullement l'originalité, parce que nombreux sont les auteurs qui en ont compris la bonté. Depuis Esquirol qui a écrit : « Si la musique ne guérit pas, du moins elle distrait, elle soulage le mal et console », jusqu'au médecin Pinel qui a dit : « La musique guérit de véritables maladies », nombreux sont les esprits qui ont été frappés de l'effet bienfaisant de la musique sur l'organisme humain.

Tout le monde sait que Philippe V d'Espagne était sujet à des accès de mélancolie tels qu'il ne lui était pas possible de s'occuper des affaires de l'Etat avant de s'être soumis à un traitement musical. Farinelli, qui, plus tard, de simple chanteur, fut créé ministre par le roi Philippe, était le seul médecin qui pût calmer la mélancolie du souverain ; les notes exquises de Farinelli parvenaient à relever le moral du roi, qui alors pouvait s'occuper des affaires de l'État. Napoléon, qui eut des intuitions géniales dans toutes les manifestations de la vie, avait bien compris la valeur énergique de la musique, tant sur les champs de bataille que dans les hôpitaux, et il cherchait en toute occasion à employer la musique comme un puissant stimulant de l'énergie.

Le médecin Descult recommandait chaudement la musique dans la phtisie ; de même aussi, Guérin, médecin viennois, Hippocrate, Pythagore, Théophraste, Celse, Celius, Galien guérirent des maladies au moyen de la musique, et dans les temps modernes, Hoffenzefel, Barnet, Descült, Roger, Reimen se sont servis de la musique dans le traitement de la psychose et des phobies. La musique peut être considérée comme un élément puissant de conservation de la jeunesse ; ses vibrations et son ton servent admirablement à relever en nous la vitalité mieux que n'importe quel ingrédient absorbé par la bouche.

L'homme déprimé doit recourir à la musique pour trouver une augmentation de son ton vital, puisque les effets phoniques sont euphoristiques : ces effets ont en outre un pouvoir de protection centrifuge sur l'expression de notre visage et servent à nous façonner une physionomie esthétique, comme nous le verrons plus en détail au chapitre dédié à la cosmose sans cosmétiques.

La cure par l'émotion esthétique.

L'émotion esthétique est, comme nous l'avons dit, une bonne cure pour la conservation de la jeunesse ; mais comment s'effectue semblable cure et quels en sont les signes distinctifs ?

En voici autant qu'en demande le lecteur. A cette question, nous répondrons par une série d'aphorismes, convaincu que ceci est le meilleur système pour imprimer dans l'esprit de nos lecteurs les règles pratiques de notre théorie.

L'ivresse psychologique est un état euphorique dans

lequel le ton de la vitalité se trouve relevé. C'est le principe de l'extase.

Dans cet état, l'activité de tout l'organisme est augmentée et il se produit un principe de rénovation psychologique et physiologique.

Pour s'opposer à l'invasion des choses dites « poisons de la vieillesse », la pratique sagement continuée de ces états euphoriques est un moyen dont on peut dire qu'il est à la portée de tous.

Il faut écarter absolument toute ivresse provoquée par des drogues et des spiritueux ; cette ivresse n'est qu'une pseudo-euphorie et elle laisse l'organisme plus déprimé qu'avant et plus préparé par conséquent à absorber les poisons de la vieillesse.

L'émotion artistique, lorsqu'elle est suffisamment intense, produit un état d'ivresse très efficace pour atteindre le but auquel on tend, c'est-à-dire à la conservation de la jeunesse.

Ce n'est pas à tort que l'on considère l'art comme une véritable hygiène. L'art peut être considéré comme un désinfectant puissant.

La cure par l'émotion esthétique consiste à demander quotidiennement à l'art une heure d'ivresse psychologique.

C'est en vain que nous espérons les bons effets de l'émotion esthétique si nous ne nous efforçons pas de nous y adonner avec légèreté d'âme et par une préparation variable.

L'acte de se mettre à la lecture d'un livre, à l'audition d'une musique, à la contemplation d'un tableau ou d'une statue, etc., doit être considéré comme un acte très important duquel peut dépendre notre félicité.

Nous devons nous préparer à recevoir l'émotion esthétique avec le plus grand sérieux possible, comme dans un état d'âme religieux, avec toutes les activités psychologiques tournées vers l'unique but de goûter l'œuvre d'art et d'en tirer le meilleur parti possible.

Rien n'est plus nuisible à l'obtention de l'émotion esthétique qu'une prévention critique pessimiste ; celle-ci détruit toute possibilité d'obtenir l'ivresse psychologique.

Il doit prévaloir en nous, sur le sens critique, un sentiment optimiste des bonnes qualités du travail que nous nous préparons à goûter.

Ne vous approchez pas d'une œuvre d'art lorsque vous serez en proie à de sérieuses préoccupations ; vous n'en retireriez aucun profit. Si les préoccupations ne sont que de peu d'importance, l'émotion artistique est même le meilleur moyen pour les faire oublier.

La cure par les émotions artistiques devra être continuée et répétée tous les jours à un degré toujours plus élevé. Pour obtenir cette gradation, il faudra commencer par procurer les émotions esthétiques que nous jugeons faibles et par les augmenter d'intensité jour par jour jusqu'au point auquel l'émotion esthétique a tous les caractères de l'enthousiasme et de l'admiration sans bornes.

Chacun de nous a son auteur « favori » dont les attitudes intellectuelles sont faites pour nous communiquer l'émotion esthétique. Souvent même, ce n'est ni un grand artiste, ni un artiste renommé, celui qui est à même de produire en nous l'ivresse psychologique, mais nous avons toujours le droit de l'appeler *grand* quand, par lui seul, nous sommes en état d'obtenir l'effet désiré. Même si l'auteur « favori » était méconnu du monde entier et vilipendé par tous les critiques, nous devons le vénérer, comme étant celui qui, seul, a la possibilité d'élever notre âme vers l'enthousiasme.

CHAPITRE VI

La conquête de la joie.

SOMMAIRE:

Une doctrine qui engendre les maladies physiques et morales — L'incohérence du pessimisme. — Pourquoi il faut être optimiste. — La joie de vivre. — Aimons la vie. — Comment naissent les maladies morales. — Comment on étouffe la cause des maladies morales. — Comment naissent les obsessions. — La tristesse contemporaine. — La conquête de la joie.

« Aimez la vie si vous voulez qu'elle vous aime. »

E. M.

« Avant que de tenter une conquête quelconque dans le monde, il faut conquérir la joie de vivre. »

E. M.

L'incohérence du pessimisme.

Nous sommes à la veille de voir disparaître de la scène du monde un courant philosophique qui a jeté dans l'aboulie et dans le malaise plusieurs générations et à laquelle l'humanité doit sa macabre conception de la vie.

Schopenhauer et Hartman jettent leurs dernières lueurs néfastes sur l'âme des jeunes ; leurs systèmes funèbres rongés à la base par une logique élémentaire, s'écroulent sur les épaules des moribonds qui s'obstinent encore, avec l'entêtement de la vieillesse, à en étayer l'édifice croulant. Jusqu'à hier le pessimisme a abaissé dans un nombre infini d'hommes le ton de la vitalité; il a plongé plusieurs générations dans un véritable état d'hystérie, s'il est vrai que l'hystérie est un désordre fonctionnel du cerveau consistant en une torpeur ou en un sommeil localisé ou généralisé, passager ou permanent des centres cérébraux et se traduisant par conséquent par des manifestations vaso-motrices et trophiques.

Le pessimisme a coulé les âmes dans un sommeil de mort et c'est lui le grand coupable d'une grande partie de nos innombrables maladies mentales. Jamais comme après le triste empire de la philosophie pessimiste les hommes n'ont été les réceptacles des phobies, des obsessions, des idées fixes. C'est à l'influence d'une inconsolante doctrine que l'humanité doit son triste besoin de se créer tous les jours une maladie nouvelle et de s'imposer à soi-même le poids d'un motif nouveau de haïr et de maudire la vie.

Schopenhauer qui avait trouvé dans le suicide universel et cosmique l'unique remède possible aux maux de la vie, a compris instinctivement que le remède était stupide et il a été dans sa manière d'agir personnelle un des optimistes les plus convaincus.

On pourrait presque soupçonner que dans la pensée d'avoir dégoûté l'humanité tout entière de la vie, il trouvait un motif de joie, semblable à ceux-là qui dans des repas entre amis se complaisent à raconter des choses malpropres et sont heureux de pouvoir continuer de manger sans dégoût.

Le pessimisme est une doctrine incohérente et contradictoire, car si le pessimiste était intimement et profondément convaincu de la vérité absolue de son mode de concevoir la vie, il couronnerait ses désolantes théories par un acte de bonne logique en se supprimant soi-même : le fait qu'il n'en fait rien signifie que sa philosophie est en contradiction avec elle-même et que le pessimiste, du moment qu'il vit, a quelque motif sérieux de vivre.

Le philosophe pessimiste est un médecin qui se garde bien de suivre sa propre ordonnance. Cette contradiction seule suffirait à convaincre toute personne de bon sens que la philosophie connue sous ce nom doit être irrémédiablement rejetée.

Mais il y a une autre considération à la portée de toutes les intelligences, qui confirme l'inutilité d'une doctrine qui prétend être le comble de la sagesse.

Il a été dit en défense du pessimisme qu'il était absolument nécessaire à l'humanité parce qu'une humanité optimiste aurait signifié demeurer immobile et stationnaire dans une satisfaction de béate : tous les perfectionnements, disent-ils, sont dus à l'éternel mécontentement du monde, et les philosophes pessimistes ont par conséquent droit à notre reconnaissance.

Ce raisonnement revient donc à démontrer que l'homme tend à un bien toujours meilleur... mais alors quelle logique peut encore renfermer une doctrine qui considère l'homme comme un être attiré fatalement vers le mal ? Le pessimisme nie l'existence du plaisir en soutenant que celui-ci n'est que la cessation de la douleur ; on pourrait dire de la même manière que la douleur est la cessation du plaisir, et on serait également dans le vrai. Mais le pessimisme est absurde quand il veut démontrer que la somme des douleurs est fatalement supérieure à la somme des plaisirs et que les motifs de désespérer et de souffrir sont de bien loin supérieurs aux motifs de se réjouir.

Certes, la somme des douleurs est supérieure à la somme des plaisirs, mais non pas parce qu'une fatalité nous y contraint, mais simplement parce que la majeure partie des hommes ne sait pas vivre. L'art de vivre est un art à l'égal de celui de se construire une maison commode et saine. Or, ne connaissent pas l'art de vivre ceux qui s'obstinent à fermer les yeux sur tout ce que le monde a de beau et qui vont exclusivement à la recherche du mal et du laid. Ceux-là, qui sont après tout la plupart des hommes, apparaissent comme leurs propres victimes. En les voyant, le philosophe se croit en devoir de considérer tous les hommes comme fatalement malheureux, tandis qu'il n'y a de malheureux que les hommes ignorants de l'art de vivre.

La joie de vivre.

Heureusement, la doctrine pessimiste de la *Welt-Schmerz*, de la douleur mondiale, est sur le déclin ; nous pouvons même dire qu'elle a déjà décliné. Mais elle a laissé derrière son sillage la dévastation. Les hommes de bonne volonté sont appelés aujourd'hui à resemer les bons germes du bonheur et ils sont déjà en train de les semer. L'idéalisme ressuscite ; l'horizon s'éclaire d'une lumière nouvelle et la scène du monde change d'aspect. Nous pouvons vraiment dire que nous sommes dans ce remaniement des valeurs de la vie et des consciences qui est un *tournant de l'histoire* après lequel s'ouvre toute grande devant nous la route du renouvellement.

L'homme se souvient aujourd'hui que la vie mérite d'être vécue, et dans les instruments que lui tend la science nouvelle il retrouve le moyen de vivre intensément et noblement. Après les époques de son sommeil hystérique, l'homme retrouve la joie de vivre, non cette joie de vivre, folle et inconsciente qui le jette dans la recherche effrénée des plaisirs matériels, mais la joie sereine et tranquille qui indique une force intérieure multipliée et qui tend à la jouissance de tout ce que la vie a de plus sublime.

Sentir la joie de vivre équivaut à se sentir fort, jeune, beau, bon et aimé; à considérer le monde comme un spectacle divin, à se savoir le maître d'un trésor d'énergie que l'on peut dépenser pour l'acquisition de ces biens spirituels auxquels nous devons aspirer.

La joie de vivre est le sentiment de la renaissance complète, du réveil intégral des énergies cryptopsychiques, de la claire conscience que l'homme est doué de pouvoirs extraordinaires pour se vaincre soi-même et faire de soi-même un dieu omnipotent. Ce n'est qu'aujourd'hui seulement que se manifeste ce sentiment, après les constatations de la psychologie expérimentale et à la suite de la ruine de la doctrine pessimiste.

La conquête de la joie de vivre doit être tentée par

tous les hommes avec l'espoir d'y réussir, car le seul fait de le tenter indique la possibilité d'y arriver : celui-là seul qui ne la cherche pas ne pourra jamais la trouver et il est juste qu'il ne la trouve pas.

Quels sont les moyens les plus simples pour trouver la joie ?

Comment on étouffe la cause des maladies morales.

Je suppose que vous soyez vaguement triste, c'est-à-dire sans avoir une conscience nette des motifs qui vous portent à cet état ; vous n'avez pas de préoccupations financières ; ceux qui vous entourent sont bien disposés envers vous, votre organisme fonctionne assez régulièrement ; néanmoins, vous sentez que vous n'êtes pas heureux, suivant l'expression vulgaire, vous sentez qu'il vous « manque quelque chose ». Quelque chose que vous devriez avoir et que vous n'avez pas ; ce quelque chose c'est le sentiment complet de la vie. Vous n'êtes pas entièrement « éveillé » ; une partie de vous-même dort, n'agit pas, n'apporte pas son tribut à la personnalité ; le sentiment que vous avez d'un manquement est un avertissement que vous donne le *moi* profond de vous réveiller.

Ne vous est-il jamais arrivé dans le sommeil physiologique d'être sous l'impression d'un vilain rêve et de chercher à vous réveiller ?

C'est ce qui arrive dans le sommeil partiel de la vie ; les forces qui dorment en vous cherchent à remonter ; vous en avez une vague conscience, mais ne savez comment agir pour les réveiller et cet état se traduit par un malaise vague, par un ennui, par une uniformité grise.

Faites-y bien attention ! Cette tristesse vague, sans motifs apparents, contient le germe de grands périls.

Elle constitue le terrain le plus propice pour l'éclosion d'une infinité de maladies mentales : elle est le bouillon de culture de microbes fatals.

C'est dans cet état de tristesse vague, sans raisons visibles, que notre esprit, qui, de même que la nature, a horreur du vide, va à la recherche et trouve l'explication de la tristesse dans des motifs *toujours faux*, extérieurs. C'est dans cet état que, pour apaiser le besoin irrésistible de trouver une cause à tout, nous donnons à notre tristesse des motifs absolument fantastiques, qui, s'étant ensuite fixés dans notre esprit sous forme d'obsessions, finissent par devenir des motifs réels de malheur.

L'état de tristesse vague est une embûche dangereuse pour l'individu qui en est victime. C'est dans cet état que les phobies se forment.

Vous êtes triste, comme nous l'avons dit, sans savoir pourquoi. Voici que vous vous dites : Si je suis triste, c'est qu'il faut bien que j'aie quelque motif de l'être, puisqu'il n'y a pas d'effet sans cause. Cherchons-en la raison. Votre imagination fertile ne tardera pas à la trouver. Vous êtes sur le point de conclure une affaire importante. Tout vous porte à croire avec certitude que l'affaire sera conclue à votre plus grand avantage : vous en avez l'assurance.

Et malgré cette certitude, dès l'instant où vous vous êtes mis à rechercher la cause de votre vague tristesse, voilà que vous commencez à douter et vous vous dites que cette certitude, après tout, n'est pas mathématique, etc.

Et vous voilà en proie à un doute qui ne vous laisse plus de repos ; vous en perdez le sommeil et l'appétit ; votre visage perd ses couleurs, toute l'activité physiologique s'altère.

Votre tristesse vague s'accentue, prend forme et vous, dès cet instant, vous êtes malheureux. Votre terrain psychique, appelons-le ainsi, s'est montré on ne peut plus fertile pour la culture des obsessions.

Supposez que l'affaire que vous aviez tellement à cœur se soit finalement conclue en votre faveur, c'est-à-dire comme vous l'aviez souhaitée.

Logiquement, vous devriez être guéri de votre tristesse, si la cause en était véritablement la peur de ne pas réussir dans cette affaire. Mais après un moment de tranquillité passagère, votre vague tristesse vous reprend ; et il est logique qu'elle vous reprenne car sa vraie cause n'a nullement disparu : et vous voilà de nouveau à la recherche d'un nouveau motif ; vous voilà encore victime d'une autre obsession. Et ainsi à l'infini jusqu'à ce que votre organisme, passant par toutes ces trépidations, finira par fonctionner toujours irrégulièrement, jusqu'à ce qu'il se déclare de vraies maladies spéciales.

L'avis utile.

L'étouffement dans l'œuf de cet état d'âme pernicieux et trompeur est la condition nécessaire pour obtenir la joie de vivre, car c'est dans le moment même où nous stérilisons ce danger qui nous menace que nous préparons le terrain le meilleur pour la joie. Nous appelons à notre aide toutes les énergies cachées et nous les réunissons en les faisant converger vers un but unique.

On peut dire que la tristesse vague, qui est le germe de toutes les maladies morales sans exception, est un symptôme avertisseur.

Ceux qui négligent cet avertissement se creusent un enfer dans lequel ils souffriront toutes les tortures.

Le fait d'avoir été *vaguement tristes* est toutefois un bien, si nous avons su comprendre sa haute signification, son avis ; car il eût été beaucoup plus grave de n'avoir pas du tout entendu cet appel, car alors cela voudrait dire que le sommeil est sans espoir de réveil.

Voilà donc une vague tristesse qu'un poète pourrait croire une douce *rêverie* qui devient logiquement cause de maladies profondes, incurables peut-être et d'une mort prématurée.

Les embûches de la rêverie.

Vous n'avez pas écarté la cause vraie. La cause vraie de votre vague tristesse est, nous le répétons, pas externe mais interne.

Elle réside en vous, non dans les contingences. Et c'est l'inactivité dans laquelle sont tenues vos forces internes. La tristesse dont vous souffrez est un avertissement ; un avertissement dont il faut tenir compte ; elle est un appel auquel il faut se hâter de répondre, sous peine de vous laisser aller à la dérive des pires conséquences.

Il faut appliquer sans retard le remède à votre vague tristesse et ne pas vous laisser séduire par les douceurs qu'elle affecte souvent pour pouvoir mieux s'installer dans votre organisme. Ces formes séduisantes consistent dans une *rêverie* très agréable, dans une tendance aux caprices, à la douce mélancolie, au songe incohérent mais agréable, toutes formes insidieuses qui séduisent par leur apparence innocente, mais qui endorment toujours plus et empêchent d'arriver à la plénitude du sentiment de la vie.

Il faut donc, dès ses premières manifestations, s'opposer résolûment à ce que cette tristesse vague prenne le droit de cité dans votre âme, condition première pour éloigner toutes les formes infinies de la dépression nerveuse appelée neurasthénie.

Aussitôt que nous la voyons arriver avec ses mouvements délicats et envahisseurs, sous l'aspect fantastique d'une vague rêverie, repoussons-la résolument, barrons-lui le libre accès des territoires de l'âme, ne lui permettons pas de s'y établir, de devenir un état chronique, un système. Guérissons-nous de l'insidieuse *rêverie* au moyen d'un remède qui lui ressemble beaucoup, du moins superficiellement : guérissons-nous par une plongée dans la vraie poésie qui n'est *rêverie* qu'en apparence, dans la haute poésie de la vie où nous sentons le fonctionnement intégral de toutes nos énergies.

Rendons-nous compte de suite de cet état d'âme en disant avec force qu'il doit disparaître, parce que nous ne savons pas à quels désastres il peut conduire : donnons de suite à notre esprit une occupation absorbante : attelons-nous à quelque travail qui réclame tout l'emploi de nos forces et surtout indiquons-nous à nous-mêmes les périls au-devant desquels nous allons, en permettant à la tristesse vague de se faufiler en nous.

CHAPITRE VII

La bonté qui guérit.

SOMMAIRE :

« Rien de mal ne peut arriver à l'homme bon. » — La bonté est hygiénique. — Comment naissent les obsessions dans les individus sans bonté. — Histoire d'un envieux. — La bonté comme préservatif des maladies physiques et mentales. — Les maladies contagieuses et la bonté. — Le mécanisme curatif de la bonté. — Pour être efficace il faut que la bonté soit consciente.

« Si vous ne rendez pas l'homme meilleur, ne pensez pas à lui conserver la santé. »

FEUCHSTERLEBEN.

Les effets physiologiques de la bonté.

On a chanté la bonté sur tous les tons ; les éducateurs l'ont érigée comme guide de toutes nos actions, les poètes l'ont glorifiée comme un sentiment divin, les philosophes en ont fait un commandement catégorique, mais bien peu en ont, de propos délibéré, étudié les effets physiologiques, quoique tous les penseurs, des plus modestes aux plus grands, s'en soient pénétrés. La phrase de Socrate, suivant laquelle, « aucun mal ne peut atteindre l'homme bon » doit s'entendre dans son sens le plus large, plus moral que physique : ce n'est pas une figure de rhétorique que de dire que l'homme bon est au-dessus de tout mal, mais c'est une vérité scientifique, déjà vaguement comprise par la sagesse populaire et que seul un scepticisme systématique peut nier.

La bonté est un résultat de l'évolution pour la défense de notre organisme ; l'homme sociable est devenu « bon » pour mieux triompher dans la lutte pour la vie ; voilà une affirmation qui peut paraître, au premier abord, d'un optimisme quelque peu paradoxal, mais que l'observation et le raisonnement nous démontrent pleinement conforme à la vérité.

Si nous observons les personnes qui nous entourent, nous trouverons toujours qu'une bonne santé marche de pair avec une certaine élévation morale, tandis que la mauvaise santé contresigne l'homme adonné au vice et aux pensées qui indiquent la bassesse d'âme.

Cette observation est faite instinctivement par le peuple qui est toujours enclin à une défiance mal dissimulée vis-à-vis des personnes malsaines, parce qu'il les sait plus portées à des actions viles qu'à des actes généreux ; tandis qu'il s'abandonne avec une confiance impétueuse aux personnes, sur le visage desquelles fleurissent, s'épanouissent les signes de la santé.

Un homme sain nous paraît bon par ce seul fait qu'il est sain et le mouvement qui nous pousse vers lui est une sympathie qui est rarement en défaut, parce qu'il est le résultat de millions et de millions d'expériences faites par la foule au cours des siècles.

L'intuition du peuple est corroborée, confirmée par les expériences scientifiques, comme nous le verrons par la suite.

Pour l'instant nous nous bornons à citer un auteur d'une grande élévation morale et intellectuelle, le baron de Feuchsterleben que l'on peut considérer comme un des premiers fondateurs de la psychothérapie ; or, Feuchsterleben a de suite compris et étudié le lien indissoluble qui unit la vertu à la santé, et comment la première est le chemin le plus sûr et le plus facile, pour mener à la seconde ; son opuscule intitulé l'*Hygiène de l'âme* renferme, à ce propos, des fragments d'une lettre hautement instructive.

« L'esprit a des poisons qui tuent le corps, des fruits bienfaisants qui le conservent et le guérissent. La beauté n'est, dans un certain sens, que le signe de la santé, l'harmonie dans les fonctions se manifeste avec l'harmonie des formes. Donc, si la vertu embellit, si le vice est cause de laideur, peut-on nier que l'une ne conserve la santé et que l'autre ne l'altère ?

« Si j'ose m'exprimer ainsi, la nature est un tribunal secret ; sa juridiction patiente, inattendue ne laisse rien échapper ; elle a connaissance des fautes qui se cachent aux yeux de l'homme et que ses lois ne peuvent céler ? Les arrêts souverains, éternels, comme tout ce qui émane du principe primordial, produisent sur les générations leurs effets inévitables, et l'arrière-neveu qui médite avec désespoir sur le mystère de ses souffrances peut en trouver la cause dans les excès de ses aïeux. Le vieil adage tragique, « — c'est au coupable qu'est dû le châtiment — », trouve son application, non seulement au point de vue de la morale et du droit, mais aussi au point de vue physique...

« Les maladies de la génération actuelle ont leur origine plutôt dans des causes morales que physiques, et pour les prévenir et les extirper, le remède nécessaire n'est pas seulement cette éducation matérielle, soi-disant virile, que l'on donne dans les lycées, mais bien plus une éducation plus élevée, d'un ordre différent et qui doit commencer par nous-mêmes. On a souvent reproché aux médecins et parfois avec raison, d'être des matérialistes exclusifs et de ne voir dans l'homme qu'un composé d'os, de cartilages, de viscères et de membranes mis en mouvement par l'oxygène de l'air et par le sang. Cette accusation ne peut frapper notre théorie. Nous ne contredisons ni le moraliste, ni le prêtre, en démontrant l'accord de la vertu avec la santé. Ne pensez pas, dit Lavater, le physionomiste inspiré, ne pensez pas à embellir l'homme sans le rendre meilleur. Nous ajoutons en foi pleine et entière : « Si vous ne rendez l'homme meilleur, ne pensez pas à conserver sa santé. »

L'auteur de pensées si simples et si profondes est pleinement d'accord avec la science moderne et avec la sage philosophie de la vie.

De nombreuses observations démontrant que la santé est en rapport direct avec la vertu peuvent être faites par quiconque interroge les personnes de son entourage. A moins d'être aveugles ou affectés de ce snobisme qui décide tant de jeunes gens à embrasser ce que l'on est convenu d'appeler la « philosophie du mal », quiconque devra constater que le vice mène infailliblement à la maladie et au malheur.

La bonté, « sécrétion bienfaisante de l'âme », est

une force qui immunise l'homme des maladies physiques et morales en le rendant réfractaire à l'attaque de la vieillesse, et en opérant en lui ce renouvellement quotidien, qui est la condition nécessaire de toute santé du corps et de l'âme.

Être bon équivaut à résoudre le problème de l'équilibre moral et physique et à trouver en nous des ressources infinies de vie et de bonheur.

« Établie dans notre conscience, dit Finot, la bonté la pénètre tout entière. L'âme exhale alors un parfum d'une qualité rare. L'aspect de la bonté rassérène les fronts. Elle prodigue des forces aux faibles, l'espérance aux désespérés. Il suffit d'une petite dose de bonté, comme du bon pain de l'Évangile, pour calmer les souffrances d'une multitude. »

La bonté est hygiénique. Elle répand sur tout l'organisme un baume qui le préserve de la décomposition. L'homme bon, dans une plénitude de forces physiques et mentales, se sent être un homme *intégral* dans tout le sens du mot.

La bonté élève le ton vital, dont nous avons parlé et d'où dépend le réveil de l'énergie individuelle, condition indispensable de la santé. Grâce à la dynamogénie de la vertu, le fonctionnement de nos organes devient plus actif, les sensations se produisent plus nettes et plus arrêtées, les images plus vives et toute la sphère imaginative s'éclaire d'une lumière géniale.

La bonté est une force immense qui s'oppose aux

assauts du mal en élevant autour des hommes une forteresse inexpugnable.

« Le calme est le premier et l'indispensable remède à tous les maux, dit encore Feuchsterleben ; dans la plupart des cas il suffit à lui seul à la guérison ; il est toujours utile et salutaire. »

Or, la bonté seule peut nous donner le calme et cet équilibre mental qui exclut l'enracinement traîtreux des phobies et des maladies imaginaires qui si souvent se changent en maladies réelles.

L'homme méchant et adonné au vice est dans l'impossibilité de demeurer sain parce que les diverses formes de la bassesse morale : l'envie, la perversité, le mensonge, la dureté d'âme, ont un pouvoir dissolvant de nos énergies dont elles abaissent singulièrement le ton en affaiblissant tout l'organisme et en l'assujettissant à l'attaque de la maladie.

L'homme bon est sain. L'homme sain est bon. Comme nous l'avons dit, le peuple, dans sa vague intuition qui jamais ne se trompe, parce qu'elle est le fruit inconscient d'une observation séculaire, a une tendance invincible à considérer le malade comme un coupable, et souvent le malade lui-même a la pudeur de sa maladie, pudeur qui est comme le sentiment de sa propre responsabilité. En règle générale, aucun malade ne tire vanité de ses maux ; lorsqu'il lui arrive de le faire, c'est que sa maladie est presque désespérée, vu qu'il en a perdu toute honte.

Le malade qui affiche ses maux physiques est un

cynique tout comme celui qui fait ostentation de maux moraux, et le cynique est presque toujours irrémédiablement perdu. Les cas de maladies imaginaires peuvent être assimilés aux cas de phobie, dans lesquels les soi-disant *scrupuleux* se disent punis de fautes qu'ils n'ont pas commises, *mais qu'ils pourraient et pourront commettre* puisque les malades imaginaires deviennent vite des malades réels; ces *scrupuleux* sont de pseudo-cyniques, mais leur cas n'est rien moins que désespéré. Ils peuvent même *guérir facilement puisqu'ils ont le sens de la bonté*.

Dire que l'homme sain est bon et que l'homme bon est sain n'est pas une équivalence de simple morale évangélique, mais une vérité clairement prouvée par la psychologie expérimentale.

Le lecteur doit avoir le légitime désir de connaître de quelle manière cette équivalence s'explique scientifiquement et quel est le mécanisme d'actions et de réactions par lequel la bonté engendre la santé comme le vice engendre la maladie.

Pour entrer dans l'examen de ce mécanisme, il serait utile d'insister sur la théorie qui soutient la dérivation des maladies physiques des maladies morales, c'est-à-dire de l'influence de l'esprit sur le corps. Mais nous croyons qu'une semblable insistance serait inutile, car il n'y a plus à présent qu'un obstiné rétrograde pour nier le pouvoir de l'esprit sur le corps.

Là où nous croyons, au contraire, qu'il serait inutile d'insister, c'est sur le fait pour lequel le défaut de bonté engendre immanquablement des états anormaux de l'esprit, états qui jettent l'individu en proie à de véritables obsessions et à de caractéristiques psychasthénies. Dire qu' « il n'y a pas de paix pour le méchant », c'est affirmer une vérité que tous les hommes comprennent plus ou moins confusément ; mais par quel mécanisme ceci se produit, voilà ce qu'il faut expliquer. Quand nous serons convaincus que le défaut de bonté est la condition favorable pour introduire dans le cerveau des idées maladives, alors nous aurons trouvé le remède aux maux qui nous tourmentent, alors nous aurons découvert la « thérapie de la bonté » et nous serons encore une fois convaincus de la merveilleuse harmonie qui régit notre vie morale et physique ; nous serons convaincus que la vertu est encore la meilleure fourberie que le machiavélisme de l'homme ait trouvé pour vivre heureux et nous nous rirons de la philosophie amorale « au delà du bien et du mal » que les *forts* (c'est ainsi qu'ils s'appellent pour cacher leur faiblesse) cherchent à pratiquer.

Quand nous serons convaincus que tout *vice*, dans le sens vulgaire du mot, se convertit en un *vice* dans le sens scientifique et que celui qui est vicieux dans la vie l'est également dans l'âme, nous considérerons la bonté, non comme un sentiment évangélique au moyen duquel nous conquérons un paradis dans une autre vie, mais comme une nécessité incitante pour goûter vraiment la vie et sentir le réveil complet de notre personnalité ; nous nous convaincrons que ce n'est pas la tyrannie, ni le sentiment égoarchique ni le superhomisme qui sont les forces qui conduisent à la victoire, mais la simple bonté, puissance qui vainc tout obstacle et triomphe de tout mal.

La bonté n'est au fond qu'un moyen pour mettre l'esprit en paix avec lui-même et le mettre à même d'affronter les difficultés quotidiennes de la vie. Comme l'art, la bonté est un instrument que l'évolution a créé pour la défense de notre organisme.

Le docteur Saleeby dans son livre sur la « préoccupation » dit très bien : « C'est lorsque l'esprit se trouve en paix avec soi-même et avec les circonstances extérieures de la vie, ce que la vie exige ordinairement de notre patience, de notre tolérance, de notre persévérance, de notre puissance de supporter les difficultés, que nous les affrontons d'une manière adéquate. Nous ne perdons pas notre sommeil, nous n'allons pas le rechercher avec l'alcool ou avec d'autres drogues, et une difficulté peut agir sur nous comme un moteur inattendu en nous mettant à même de réaliser la meilleure partie de ce dont nous sommes capables. » Qui ne pratique pas la bonté ne peut mettre son esprit en paix avec lui-même ; « qui mal fait, mal pense » dit un vieux proverbe et l'homme méchant est naturellement porté à voir mille maux qui en réalité n'existent pas et à devenir extrêmement irritable pour chaque frémissement de feuillage.

L'esprit méchant est un terrain propice au germe de toute phobie. Sa disposition pessimiste, même envers les actions d'autrui, constitue à elle seule une vraie maladie qui tue en lui tout enthousiasme et l'éloigne de la sociabilité.

Il n'a pas confiance dans les autres et il finit par ne plus avoir confiance même en soi-même. Certaines manies obstinées de persécution ne sont autre chose que le résultat d'une mauvaise conduite.

Une histoire exemplaire.

Nous avons plus d'une fois insisté sur le fait que presque toutes, pour ne pas dire toutes, les maladies mentales naissent traîtreusement de causes futiles en apparence que l'on peut réunir en une seule : une association d'idées qui se fixe pour devenir une obsession. Nous devons maintenant insister davantage sur ce fait pour faire comprendre le véritable mécanisme de la bonté dans la production de la santé mentale et corporelle. Rien dans cet ordre d'idées ne peut mieux servir à la clarté de la compréhension que de supposer des exemples.

Faisons donc la brève histoire d'un individu qui, dépourvu de bonté, fait de soi le réceptacle de graves maladies mentales.

B. a vingt ans; sa santé, sans être de fer, est bonne.

B. a des goûts artistiques prononcés et étudie la peinture.

Il décèle une certaine capacité d'exécution et ferait sans doute une brillante carrière ; mais il a un ver rongeur : il est envieux. Tout succès de ses camarades le blesse horriblement. Il ne peut supporter qu'on loue quelqu'un en sa présence. La louange à l'adresse d'une troisième personne est regardée par lui comme une insulte personnelle.

Cette tendance à l'envie, d'abord générale, s'individualise à l'égard d'un ami C. parce que c'est C. qui est loué plus souvent par les camarades et les professeurs. Il commence à détester C. — Comme il arrive toujours en cas semblable, B. ne veut pas s'avouer à soi-même le véritable motif initial et il fait de la casuistique pour se convaincre que C. est plein de torts vis-à-vis de lui, qu'il se moque de lui, qu'il cherche à faire étalage de ses triomphes pour l'humilier, etc. Chaque action, chaque parole, chaque sourire de C. se reflète dans l'âme de B. dans une effrayante déformation.

C'est l'obsession qui se forme, qui s'organise. C. use de bons procédés envers B. ; il est gentil, obligeant, affectueux, toutes ses attentions sont considérées par B. comme une nouvelle hypocrisie pour le frapper plus lâchement. B. hait et il a la conviction que C. le hait aussi.

Alors, commence pour l'infortuné une vie impossible. Le travail n'est plus pour lui une joie, mais une insupportable fatigue, parce que la préoccupation de C. l'assiège. L'obsession devient plus intense ; B. tend à faire de C. l'auteur de tous ses maux. Il perd le sommeil et l'appétit ; ses bonnes aptitudes au travail se désorganisent : plus il s'efforce de travailler et plus il se sent incapable d'un effort continu.

L'obsession de B., quelque grave qu'elle soit au point où elle en est arrivée, n'est pas encore un cas désespéré. Avec des nuances un peu plus légères, c'est ce qui arrive dans tous les milieux artistiques où les hommes impressionnables abondent.

La haine de B. pour C., pourrait se calmer et peut-être disparaître si B. s'examinait sans passion et comprenait le motif initial de la maladie : l'envie. Mais il vient s'ajouter une circonstance qui rend le mal irréparable et enserre B. dans un réseau serré de motifs dont il ne peut plus se dégager.

C. a une maîtresse. — Par un phénomène singulier, mais d'ailleurs très explicable, B. change son envie des succès artistiques de C. en une haine qu'il croit causée par une jalousie amoureuse.

Expliquons-nous mieux.

B. a toutes ses idées polarisées vers une haine pour C., mais il n'a pas conscience de ce que cette haine est née d'une vulgaire jalousie de métier, ou du moins cherche-t-il à n'en avoir pas conscience parce que ce sentiment paraîtrait trop vilain à ses propres yeux. La maîtresse de C. est le motif de son sophisme. Il se croit amoureux de cette femme et peut-être, à force de le croire, le devient-il aussi, mais de fait, initialement, il ne l'aime pas, mais sa basse jalousie de métier dévie en une jalousie amoureuse plus noble. Il se crée des excuses à soi-même pour expliquer sa haine croissante de C.

Arrivée à ce point, l'obsession prend des proportions gigantesques. La haine envers C. grandit à vue d'œil. Son incapacité au travail devient complète et B. se l'explique par l'amour qu'il nourrit pour l'amante de C. L'amour, avons-nous dit, n'avait été au début qu'un raisonnement de sophiste, qu'une idée, mais cette idée tend, à l'égal de toutes les idées, comme dit Taine, à se compléter, à se porter au *premier plan* et elle prend toutes les apparences d'une réalité. B. devient amoureux de la femme, d'un de ces amours que l'on appelle *de tête*.

Et c'est arrivé à ce point que B. est perdu ; sa haine de C. est devenue tellement absolue qu'il faut qu'elle se manifeste par un acte quelconque : ou B. tentera de supprimer C. ou il deviendra fou furieux. La tragédie, dans l'un ou l'autre sens, est la solution logique d'une série de passages qui ont porté B. à cet état de paroxysme dans lequel l'être tout entier est polarisé vers une seule idée.

L'ancre de salut.

On peut considérer cet exemple comme typique. On peut suivre sur son tracé la marche de bien d'autres obsessions. Je l'ai cité pour étudier si la bonté peut être un remède contre la formation d'obsessions de ce genre.

Évidemment, oui, puisque la bonté aurait sauvé B. en empêchant chez lui la systématisation de l'envie ; elle n'aurait même pas permis l'éclosion du triste germe. Dès les premiers instants, la bonté aurait éclairé sa conscience sur le sentiment de haine en voie de formation contre C. et l'aurait empêché de changer une vulgaire jalousie de métier en une passionnelle jalousie d'amour, en faisant changer sa haine d'objet. B. aurait même trouvé dans la supériorité artistique de C. un bon adjuvant pour s'améliorer. L'idée obsédante ne se serait pas constituée. Ses énergies se seraient retrempées au noble jeu de l'émulation qui n'a rien de commun avec l'obsession désintégrante de l'envie. L'émulation naît d'un besoin de faire valoir notre personnalité, de compléter nos forces, de les faire converger vers un noble effort de conquête. L'envie, au contraire, est une force désagrégeante qui paralyse les énergies de l'âme, les rechasse dans l'inconscient et engendre une dépression psychique propice au développement de tout malaise.

La bonté était l'ancre de salut pour B., mais il n'a pas su mener sa barque, comme les mille malheureux qui traînent leur existence rongés d'une envie continuelle de tout et de tous.

Origine morale des maladies psychiques.

De ce seul fait qu'être bon équivaut à être optimiste, naît la conséquence que la bonté est le premier facteur du repos de l'esprit, condition indispensable pour atteindre à la santé physique.

Nous croyons nécessaire d'insister sur l'influence de l'esprit sur le corps : tout notre livre n'est que le développement d'une vérité dont plus personne aujourd'hui ne doute et qui a toujours été saisie par l'esprit populaire. Il y a un nombre infini de proverbes pour prouver comment une semblable vérité a toujours été entrevue par l'intuition collective du peuple.

C'est précisément la bonté qui prépare à l'esprit les meilleures conditions pour qu'il puisse agir efficacement sur le corps ; la bonté est l'atmosphère nécessaire pour la libre manifestation des énergies psychiques, vu que son opposé, la perversité, engendrant des préoccupations de toutes sortes, empêche ces énergies d'agir et de faire tout ce qu'elles pourraient faire pour notre bien.

Dans un livre très utile, dédié entièrement à la « Préoccupation », Saleeby dit ceci :

« Il y a des faits vraiment intéressants et qui méritent d'être rapportés pour illustrer la théorie que l'influence de la préoccupation et de son opposé, qui est la confiance en soi-même, dans les maladies, intéresse au plus haut degré l'action du système nerveux dans les sécrétions du corps. Toute condition ou état mental se trouve associé à un état physique de cet organe physique connu sous le nom de cerveau et c'est moyennant cet état que sont rendus possibles les résultats corporels ultérieurs. » Or, c'est justement la bonté qui empêche la formation des préoccupations les plus nuisibles, causes de maladies si nombreuses et si variées.

Nos mauvaises dispositions envers le monde, l'envie, la méfiance envers tout et envers tous, la pire confiance que nous plaçons en notre prochain, la supposition, souvent gratuite, que nous faisons, sur les mauvaises dispositions des hommes à notre égard, l'égoïsme, l'avarice matérielle et sentimentale, le rire moqueur contre les humbles et contre ceux qui ne réussissent pas, la joie des disgrâces d'autrui, l'interprétation maligne de toute parole, de toute action d'autrui, la tendance à voir dans toute action la perfidie, en somme, tout ce qui forme le contraire de la bonté est motif à préoccupations, à états mentaux obsédants, à tendances pessimistes, à méfiance universelle, à malaises multiples, à haines, à rancœurs, à souffrances d'âme perpétuelles, à besoins toujours inassouvis, à contrôles, à persécutions, à procès, à vengeances. La méfiance pessimiste, la bile continuelle, le dépit de chaque instant, la colère désagrégatrice, naissent du défaut de manque de bonté. Ces états mentaux sont délétères pour le corps. Aussi les organes s'altèrent, la dyspepsie s'empare de l'individu, le foie s'en ressent. Les manies mentales, les phobies, les obsessions trouvent un terrain facile chez les hommes méchants, c'est-à-dire chez les hommes qui sont continuellement préoccupés par l'envie, la jalousie, le besoin de harceler ou de *faire la guerre* à leur prochain, dans cette conviction que tous cherchent à leur faire du mal, dans le désir de faire étalage de faste et de richesse, dans la tentative de frapper son prochain en toute occasion, etc.

Cette préoccupation, que le docteur Saleeby appelle la maladie du siècle, est terriblement aiguisée par le manque de bonté, car l'homme bon est porté par instinct à diminuer les causes qui peuvent empoisonner son existence. La bonté est une défense de l'organisme.

La préoccupation des méchants.

Le docteur Saleeby anatomise avec une profondeur de vue les conséquences terribles de la préoccupation en la considérant, par rapport aux maladies physiques ordinaires. Il convient de citer ses propres paroles :

« On connaît beaucoup de maladies non-contagieuses qui semblent être le fruit très commun d'une prédisposition à la préoccupation et qui semblent vouloir prédisposer au cancer. »

Le docteur Saleeby ne va pas jusqu'à partager cette opinion, mais il soutient ouvertement que la goutte, le diabète, ainsi qu'une forme particulière du broncocèle, doivent leur origine à la préoccupation.

Mais où le docteur précité trouve des manifestations plus explicites des états de préoccupation sur l'organisme, c'est dans les maladies contagieuses.

Toute espèce de contagion, dépendant d'un abaissement des conditions générales de la santé, est indubitablement prédisposée par la préoccupation. C'est un fait très connu aussi que, dans les maladies tuberculeuses, les microbes peuvent être contractés par n'importe qui. — Il n'y a que ceux qui y soient réfractaires qui n'en soient pas infectés. Nous savons aussi que la force physiologique de la réfractabilité aux maladies contagieuses subit une influence directe de l'état de l'esprit.... La leçon de l'expérience que, à égalité de conditions extérieures, les maladies contagieuses tendent à s'attaquer de préférence à ceux qui les redoutent, et à laisser immuns ceux qui gardent haut leur force de courage, se répète continuellement. C'est par une phrase burinée que Saleeby synthétise sa pensée : la préoccupation est très capable d'affaiblir la défense du corps. Elle réussirait même à tuer un chat de neuf (vies).

S'il est vrai que la préoccupation qui, dans ses formes obsédantes, dérive toujours d'une tendance pessimiste, c'est-à-dire d'une tendance à voir le mal partout et dans tout acte humain, et c'est-à-dire encore à un manque de bonté, est capable d'affaiblir la défense du corps, son opposé, c'est-à-dire l'espérance optimiste, la confiance en soi et en les autres, la tendance à voir le bon côté en toutes choses doit, nécessairement, renforcer nos moyens de défense contre l'assaut des maladies physiques. La santé du corps est la santé morale. Nous sommes bons parce que nous sommes sains ; voilà l'enseignement de la science.

La bonté est une hygiène de l'âme et du corps, comme l'art, comme la religion, comme la prière, comme tous ces états d'âme qui servent à réveiller en nous les énergies dormantes ; qui font entrer dans la zone de la conscience les forces psychologiques inconscientes, qui renouvellent l'individu, en empêchant l'organisme et l'esprit de vieillir.

La bonté doit être consciente.

La bonté est donc un instrument valide de renaissance ; puisque l'homme est triste et méfiant et voit l'existence comme une suite de tableaux tristes et incohérents, la bonté peut redonner le sentiment à la vie et faire de nous des hommes nouveaux. La bonté est la diane qui sonne le réveil de l'âme endormie.

Finot a dit : « La question : comment être heureux ? se réduit souvent à celle-ci : comment être bon ? » La bonté doit être consciente de soi-même, elle doit savoir quelles sont ses fins. « La bonté qui se tient en dehors de la conscience n'est autre qu'une crise de faiblesse... Elle dénote le désordre et non l'harmonie de notre âme. Comme une arme bien conditionnée, la bonté ne part pas sans raison. Pratiquée d'une manière aveugle, elle peut même engendrer la douleur. »

La bonté doit donc s'apprendre ; même, parce que pas tous ne sauraient l'exercer convenablement et sèmeraient en dedans d'eux-mêmes des désastres au lieu de bienfaits. La bonté ne veut pas être une faiblesse mais une force; comme telle seulement, elle est une condition de santé, de joie, de jeunesse, c'est-à-dire de bonheur. Il nous faut donc apprendre « l'art difficile d'être bon ».

CHAPITRE VIII

L'art d'être bon.

SOMMAIRE :

Un trésor à la portée de tous. — L'invocation quotidienne à la bonté. — Les premiers préceptes de la bonté. — La bonté et le Bovarisme. — Quels avantages la bonté retire des hypocrites. — L'hypocrisie considérée comme une tentative de réhabilitation. — Mauvais éducateurs, mauvais pères et mauvaises mères. — Les lunettes de la bonté. — Les mille ruses de l'homme vraiment bon. — Petit manuel de la bonté.

« La demande : Comment être heureux ? équivaut à la demande : Comment être bon. »

Finot.

« Convertir les amertumes en douceurs, le fiel des expériences humaines en mansuétude, les ingratitudes en bienfaits, les insultes en pardon, n'est-ce pas là la sainte alchimie des belles âmes ?

Et cette transformation doit devenir ainsi habituelle pour avoir été spontanée. »

Amiel.

« Aimez, aimez et pensez que vous avez été aimés avant que d'aimer. »

Catherine de Sienne

Un trésor à la portée de tous.

Dans les préceptes de l'art de la bonté sont contenus ceux de la santé physique et morale comme nous avons cherché à le démontrer dans le chapitre précédent. Par conséquent, apprendre l'art d'être bon signifie apprendre à conserver ses propres forces spirituelles et corporelles et à les intensifier dans une action logique, serrée, véritablement humaine.

Ces préceptes n'ont rien de métaphysique et ils peuvent être compris et acceptés par toutes les intelligences. Leur absorption est possible à tout homme, la mise en action de ces règles de conduite est à la portée de chacun.

Quand un homme dit : Je veux être bon, parce qu'il me convient d'être bon, il se trouve alors dans les meilleures conditions pour le devenir. Seul l'homme qui, aveugle d'esprit, ne voit pas cette convenance, et par conséquent n'a pas le désir de la mettre en action, sera perdu ; mais tous ceux qui le voudront, le pourront.

La bonté est un trésor sur lequel tous peuvent mettre la main ; ses bienfaits moraux et corporels ne se refusent à personne et il n'y a personne qui soit exclu de ce jardin merveilleux où fleurissent toutes les belles choses de la vie. Pourvu seulement que vous ayiez pensé pendant un instant à cette parole, et que vous vous soyiez efforcés de vous imaginer les infinies récompenses qui pleuvent sur celui qui a cherché la bonté, ses bienfaits vous seront acquis.

Le premier précepte de l'art d'être bon consiste donc à désirer ardemment la bonté, à l'invoquer avec ferveur toutes les fois qu'on est sur le point de prendre une décision de laquelle peut dépendre le bonheur d'autres personnes, chaque fois qu'une de vos actions, une de vos paroles, un de vos jugements sont attendus avec une espérance fébrile par une créature humaine, et que vous êtes pour quelqu'un le maître de qui dépend son avenir.

Chacun de nous, en effet, est le centre d'un petit système autour duquel gravitent des désirs, des amours, des espérances ; chacun de nous est le maître de la félicité d'autres cœurs, et le roi l'un royaume dont il fait les lois et décrète la vie et la mort des sujets dépendant de son caprice. Maintenant, que chacun de nous médite profondément sur ce pouvoir que le sort nous a mis entre les mains, d'où émane, élevé et solennel, la responsabilité du geste que nous sommes pour accomplir. Que chacun voie et prévoie les conséquences qui résulteront de sa conduite et vers quelles joies, ou vers quels abîmes de douleur nous poussons ceux qui ont été confiés par le destin au caprice de nos volontés.

Que chacun invoque la bonté comme l'unique lumière qui éclaire les actions que nous devons accomplir, et celles dont nous devons étouffer jusqu'au désir. Notre conduite est toute tracée par ce précepte ; éviter toutes les larmes d'autrui, éveiller toutes les joies possibles. Lorsqu'un de vos actes jette le trouble dans une âme, attriste une vie, étouffe les aspirations d'un cœur, comprime l'enthousiasme d'autrui et jette un voile funèbre devant les yeux d'autres personnes, et que celles-ci en ont une triste vision de la vie, vous n'avez pas besoin d'autres éclaircissements; la seule pensée de toutes ces douleurs doit vous faire éviter l'acte, si vous voulez être bon. Vous devez éviter cet acte au prix même d'une douleur momentanée : je dis momentanée, car la bonté ne tarde pas à arroser la brève blessure de son baume divin ; et il se répand dans tout votre être une merveilleuse tiédeur, centuplant avec un plaisir inattendu le bien que vous aurez fait.

Comment on doit invoquer la bonté.

La bonté veut être invoquée quotidiennement. Ne laissez pas passer un jour, sans avoir fortifié dans votre âme le sentiment de la bonté et conquis un pied de terrain sur le territoire de la conscience. Méditez chaque soir sur les bienfaits que vous avez déjà recueillis par de nobles efforts vers la bonté et vous en retirerez une nouvelle force pour persévérer. Ne cherchez pas à être bon en vue d'une récompense qui en doit résulter, mais accueillez sans restrictions, et avec la foi la plus large, la pensée que la récompense n'est pas différée à un jour éloigné, mais qu'à l'instant même, le propos d'agir avec bonté vous est d'un soulagement admirable; que vous devez vous sentir immédiatement plus calmes, plus forts, plus sûrs, plus gais. La seule invocation à la bonté est déjà une bonté en voie de formation. Un sourire s'épanouit sur votre visage; la pensée de Socrate : « rien de mal ne peut arriver à l'homme bon » se change en une croyance qui ne se discute plus : des énergies nouvelles, non soupçonnées, germent dans les profondeurs obscures de votre être : toutes les forces de la vie cellulaire paraissent s'intensifier pour donner à votre *moi* une extension plus grande. Vous êtes déjà bon ; une ligne de conduite se trace automatiquement en vous; vous excluez de vos actes à venir, tous ceux qui, occasionnant du mal à autrui, romperaient l'*équilibre* de votre âme.

L'égoïsme de la bonté.

Égoïsme ! Oui peut-être, égoïsme, mais égoïsme divin qui fait de vous des êtres forts, solennels, presque tout-puissants. Un rayon du ciel descend avec la bonté, et la conscience tout entière en est illuminée.

Le propos de vivre en bonté est une médecine d'un effet instantané ; toute colère se dissipe, toute préoccupation perd son caractère d'affligeante tyrannie, les manies se calment, les désirs pervers sont refoulés dans l'obscurité, l'existence se simplifie. Ce qui auparavant nous paraissait compliqué dans un désordre inextricable se résout clairement et simplement, comme si la main d'une fée avait trouvé le fil de l'écheveau embrouillé et comme si la vie suivait après doucement son cours. La lumière qui nous arrive par la simple invocation de la bonté éclaire notre route sur laquelle nous pouvons avancer en sécurité sans agitation aucune, sans crainte de rencontrer d'obstacles parce que nous avons pour compagnon de route ce guide sûr qui est la notion du bien.

Après tant de philosophies amères et compliquées, la pensée moderne s'applique à chercher le secret de la vie sereine dans la recherche de la bonté; ceux qui ne s'apprêtent pas à deviner ce secret seront à jamais des hommes ensevelis dans le sommeil de l'inconscience et resteront ignorants de la vraie science de se rapprocher du bonheur. Ceux-là s'étonneront de sortir plus tristes et plus accablés de leurs plaisirs mesquins et ils ne soupçonneront pas que la véritable jouissance se procure par l'exercice de la bonté grâce à laquelle l'âme est rendue capable de renfermer en soi un monde.

La vraie et la fausse bonté.

Mais il ne suffit pas d'acquérir le sens de la bonté, il faut aussi savoir de quelle manière nous devons dépenser le trésor dont nous nous sommes enrichis par un acte de volonté.

Et c'est ici que commence la difficulté de l'art d'être bon.

Comment devons-nous répartir notre bonté ? Quels doivent être ceux qui attendent les bienfaits de notre bonté ? Avec quels critériums devons-nous faire le bien ?

Nous avons déjà dit que la bonté doit être une force, non une faiblesse, et qu'elle doit servir à faire de nous et des nôtres des hommes sains d'esprit et de corps. — Voici donc une première règle : la bonté ne doit pas être pratiquée de manière à rendre les hommes faibles, mous, paresseux. La bonté ne doit pas se montrer indulgente pour la bassesse des hommes qui en veulent profiter : elle ne doit pas non plus être pour eux un nouveau motif de perdition. Nous ne devons pas flatter le vice, les mauvaises habitudes, les folles passions de notre prochain, même s'il se flatte d'y trouver son propre bonheur.

Notre bonté est coupable si elle se fait la complice du supplice lent que l'homme abruti commet avec le sourire ignare de l'hébété, aveugle pour le danger à la rencontre duquel il va. Nous ne sommes pas véritablement bons si nous nous émouvons à la prière de l'infortuné qui nous supplie de l'aider pour satisfaire ses tristes passions ; ce n'est pas un acte de vraie bonté que nous posons en aidant un inconscient à descendre davantage sur la voie de l'ignominie, en lui payant le verre d'alcool qui l'enfonce toujours plus profondément dans la bestialité.

A l'homme qui se présente à vous en suppliant votre sensibilité de lui donner le moyen de se tuer, vous devez opposer résolument un refus décidé. La bonté n'est qu'une faiblesse vile lorsqu'elle coopère à faire d'un homme cet être sans âme et inutile que Gorki appelle un ci-devant homme. Les ci-devant hommes tombés dans le sommeil de plomb de l'inconscience doivent nous inspirer la pitié, c'est vrai, et même une grande pitié ; mais malheur à vous si votre faiblesse vous conseille d'écouter leurs demandes de moyens nouveaux pour s'enfoncer plus avant dans la fange. Votre pitié devra s'efforcer de les relever, non de les tuer. Au joueur qui vous supplie à genoux de lui donner de l'argent pour tenter de nouveau le sort, votre bonté vous impose le devoir de le lui refuser : se laisser émouvoir et pousser encore l'infortuné vers le tripot et vers l'action immorale qui déprime au lieu d'ennoblir et qui laisse l'âme amère comme après la perpétration d'un crime. Sachez établir une distinction entre les larmes. Pas tous les hommes sont sincères dans leurs plaintes. Il y a la plainte rédemptrice du coupable qui veut se relever et qui vous supplie de lui tendre la main pour l'aider à sortir de son sommeil ; à cette plainte vous devez répondre comme à la prière d'un frère en danger, et cet acte de bonté vous remplira l'âme d'une douceur dont vous retirerez des forces nouvelles de vie. Soyez bon inconditionnellement envers les ci-devant hommes qui veulent reconquérir leur dignité perdue, imposez-vous n'importe quel sacrifice pour leur venir en aide, dépouillez-vous de tout votre bien pour eux, réduisez-vous fût-ce à la plus extrême pauvreté, car vous retirerez de cet acte divin de bonté une richesse telle de vie pour avoir ainsi élevé vos énergies que vous en retirerez au centuple ce que vous aurez donné.

Mais restez froids et impassibles devant les larmes de l'homme qui veut exploiter votre sensibilité, non pour se réhabiliter, mais pour s'embourber toujours davantage : ces larmes-là ne sont pas sincères. A travers elles ne brille pas le rayon du repentir : ce sont des larmes sorties mécaniquement sous la pression d'une peur, la peur de ne plus retrouver les moyens de satisfaire le vice. S'émouvoir de semblables larmes serait criminel.

Toutefois, la comédie du vice est si habile que vous pouvez en être la dupe ; et puis vous risquez de confondre les larmes du repentir avec celles du mensonge ; alors, ne regrettez pas votre bonté car la bonne foi purge l'âme de tout remords.

La moralité de l'hypocrisie.

Mais où l'art de la bonté doit déployer sa simple grandeur, c'est dans la manière d'interpréter les actes d'autrui et dans le jugement que nous devons porter sur notre prochain.

Faisons un appel à toute notre foi optimiste pour regarder avec des yeux bienveillants les actions des hommes. Nous ne devons pas croire au mal. Si la raison nous dit qu'en réalité le mal existe et que beaucoup, trop d'hommes, sont mauvais et féroces, cette même raison doit ajouter que tous les hommes portent en eux-mêmes la possibilité de faire le bien et qu'à cause de cela nous devons attendre et espérer d'eux ce bien.

Nous devons croire au bien, puisque c'est en effet notre confiance qui le crée.

Même l'homme le plus méchant se sent attiré irrésistiblement vers le bien, lorsque, fermant les yeux sur le mal qu'il peut avoir fait, vous lui donnez l'assurance que vous avez pleine confiance en lui.

Au lieu de cela, qu'ils sont maladroits et naïfs ceux qui veulent changer les hommes en les convainquant de leurs infamies ! La vraie bonté doit avoir horreur de ce pessimisme atroce qui consiste à voir dans tout homme un assassin.

Employer vis-à-vis d'un homme, que nous avons des motifs secrets de considérer comme mauvais, la conduite brutale de l'inquisiteur est la pire des politiques ; nous ne devons pas lui dire : amende-toi, vaurien ; sois bon, coquin !

Ceci n'est pas un incitant à la conversion, mais au délit.

Et cependant, combien de personnes qui sont victimes de cette illusion ! Que de mères, que de pères, que de maîtres emploient ce système brutal d'éducation, qui consiste à jeter leurs défauts à la face de leurs enfants dans l'intention ingénue qu'on peut leur montrer le chemin de la vertu en leur indiquant du doigt celui du vice !

La vraie bonté est plus fine, plus délicate, plus diplomatique. Voilà pourquoi nous avons dit que la bonté doit être consciente, étudiée, circonspecte, non impulsive et irréfléchie. La main de la bonté peut être de fer, mais il faut qu'elle soit recouverte d'un moelleux gant de velours.

La bonté brutale ressemble plus à un ouragan qui brise et renverse les choses mauvaises qu'à un vent qui les balaie.

Ainsi, un autre précepte de l'art de la bonté se trouve contenu dans cette phrase : prendre les hommes par leur bon côté. La phrase est vieille, mais elle est encore ce que la sagesse scolaire a trouvé de meilleur pour exprimer toute la science de l'éducation. Ne parlez jamais aux hommes de leur partie pire ; feignez de l'ignorer profondément ; dites-leur qu'ils sont bons et ils le deviendront, tant est grande la séduction de la bonté. On a dit de l'hypocrisie qu'elle est un hommage que le vice rend à la vertu. Il eût été plus exact de dire que l'hypocrisie est la simulation de la vertu pour pouvoir s'adonner plus commodément au vice; toutefois, la pensée est profonde, car elle suggère l'espérance que l'hypocrisie n'est dans le fond qu'une tentative que fait l'homme pour changer de nature et devenir bon.

Nous avons parlé au chapitre III du *Bovarisme* qui est le pouvoir départi à l'homme de se concevoir différent de ce qu'il est. Or donc, il se pourrait bien — il est beau de l'espérer et nous l'espérons — que l'hypocrisie ne soit au fond qu'une tendance Bovariste.

L'hypocrisie est une simulation de caractère pour entrer dans les bonnes grâces du public ou des personnes qui nous intéressent.

Ainsi donc, quand vous vous trouvez en face d'un homme qui revêt le manteau de la vertu, mais qui laisse toutefois apercevoir les interstices de la simulation, ses vices, gardez-vous bien de vous jeter sur lui avec le froncement de sourcils du justicier en lui criant : A bas le masque !

Non, l'homme consciencieusement bon sait que sa conduite envers lui doit être toute différente. Il admire ce vêtement d'emprunt et convainc le simulateur qu'aucun autre ne peut lui seoir mieux. La diplomatie de la vraie bonté trouve mille expédients pour persuader à l'hypocrite de porter tous les jours l'habit de la vertu ; et si quelque juge superficiel est amené à trouver répréhensible cette excitation quotidienne à la simulation, un observateur plus attentif du monde y voit un instrument d'active propagande morale.

La science démontre que la simulation continuelle se convertit en un véritable changement de caractère. A force de simuler la bonté, l'homme devient bon. Le pouvoir Bovariste s'explique dans toute sa signification.

La vraie bonté sait tirer profit de l'hypocrisie des hommes pour exercer ses bienfaits. Elle change l'hypocrisie en vertu en feignant de croire à la réalité de ce qu'elle voit. Pourquoi la bonté devrait-elle arracher le masque au vice quand il y a la possibilité que l'usage de ce masque fasse changer un homme et le convertisse ? Et qui nous empêche d'espérer que l'hypocrite ne fasse de son propre mouvement une tentative durable pour se libérer de ses vices, même inconsciemment ?

Pour le cynique seulement — pour celui qui fait un étalage éhonté de ses propres vices — il y a peu d'espoir de salut : mais pour celui qui tous les jours prend la peine de cacher l'opprobre de ses vices, de ses mauvais penchants, des imperfections intérieures, il y a toujours une possibilité d'un changement en mieux.

C'est à cette rédemption que doit coopérer la bonté.

L'enseignement de la bonté.

L'importance énorme de la bonté comme facteur d'une vie harmonieuse a fait naître l'idée de l'enseigner dans les écoles publiques. Cette idée est due à l'écrivain français Finot, lequel a écrit sur la bonté quelques pages chaleureuses et enthousiastes, sans considérer toutefois le problème de la bonté, par rapport au problème de la santé et de la beauté corporelle.

« Un cours de bonté, dit-il, dans les lycées à l'usage des jeunes intelligences ; l'idée paraît paradoxale. Le paradoxe n'est souvent que la vérité de demain. Souhaitons son triomphe : souhaitons surtout de trouver des maîtres convaincus... Un Pestalozzi de la bonté ! Peut-être que cet être mystérieux vit quelque part... Il guidera et développera la bonté enfantine de même que certains maîtres circonspects savent diriger les fils des rois confiés à leurs mains vers de bienfaisantes destinées... »

L'idée n'est nullement paradoxale si l'on considère qu'au fond, tout enseignement moral n'a d'autre but que de diriger les esprits vers la philosophie de la bonté. Toute morale, à quelque école qu'elle appartienne, quand elle doit se résoudre à formuler ses préceptes pratiques, ne peut trouver d'autre conséquence que celle-ci : faites le bien... Au fond de tous les alambics de la philosophie, après toutes les savantes et ingénieuses préparations, il ne se trouve pas autre chose qu'un produit : la bonté. Et c'est ce résultat qui donne à presque toutes les philosophies le droit de cité dans les esprits des hommes.

Toutes les philosophies sont bonnes puisque toutes mènent à un seul but par des voies diverses.

L'effort syllogistique de l'esprit humain ne peut pas trouver d'autre issue ; quand il la trouve, il fait une *fausse sortie*, comme on dit dans le jargon du théâtre. Une philosophie, qui conclut logiquement à la nécessité de pratiquer le mal, ne peut être que le produit isolé d'un esprit déséquilibré qui n'a aucune correspondance dans la collectivité. Les doctrines les plus outrées, lorsqu'elles sont arrivées à leurs conséquences extrêmes, se sentent prodigieusement forcées à se concilier avec l'humble pensée du plus humble des hommes ; le besoin de pratiquer le bien.

Le vice est un isolateur ; il découpe, pour ainsi dire, en dehors de l'humanité l'homme qui s'y adonne, puisqu'au fond, le vice est une folie et il est destiné à l'infériorité sociale comme tous les organismes dégénérés. Ce n'est guère qu'à de certaines périodes de cécité mentale que le triomple éphémère du mal est possible.

Dans une grande scène de *l'Étrangère*, de Dumas, le docteur Remonin dit à la Bête du Mal, Mrs. Clarkson : « Vous serez vaincue ; le bien est plus fort que le mal. — Pourquoi alors voit-on souvent le mal vaincre le bien ? demande la femme malfaisante. —

Parce qu'on ne s'en garde pas avec assez d'attention », répond le docteur.

Petit manuel de la bonté.

La recherche de la bonté fait retrouver la santé et le calme. Tous peuvent aller à cette recherche avec la certitude de trouver.

Dans l'âme aussi qui cherche trouve.

Il faut désirer ardemment d'être bon, même par égoïsme, car la bonté est le terrain le plus propice au germe du bonheur.

Eviter toutes les larmes à autrui, lui procurer toutes les joies, voilà le premier précepte de l'art de la bonté.

La bonté est la médecine de toutes les maladies. La psychologie expérimentale à prouvé que la joie de la bonté est un excitant puissant à la vie, et que l'organisme fonctionne plus activement quand notre âme est exempte de remords.

Le remords est la conscience de n'avoir pas fait le bien, c'est-à-dire de n'avoir pas suivi les sages règles de l'hygiène qui sont contenues dans l'art de la bonté.

L'homme bon est l'homme qui a appliqué toutes ces règles de conduite avec lesquelles il devient non seulement *moral*, mais *sain*, *gai* et optimiste.

L'homme a inventé la bonté pour augmenter son ton vital.

La méchanceté est un manque de tact, de finesse, de précautions hygiéniques, car elle rend l'homme inquiet, peureux, faible et incapable d'être heureux.

La bonté doit être consciente de soi. Une bonté inconsciente peut produire plus de maux que de bienfaits.

La vraie bonté ne doit pas encourager les hommes au vice ni leur fournir les instruments du suicide.

On doit interpréter les actions des autres dans un sens optimiste : tâchons de voir le bon côté chez les hommes en supprimant, par la pensée, tous les côtés mauvais.

Tout homme a la possibilité de se changer ; quand vous vous trouvez en présence d'un hypocrite qui simule la vertu, parce qu'il a honte d'étaler ses vices, ne criez pas : A bas le masque ! mais encouragez l'hypocrite dans sa simulation.

La simulation continue de la vertu conduit à la vertu. Considérons l'hypocrisie comme une tentative de réhabilitation que nous devons aider de toutes nos forces.

Faites en sorte que le cynique — celui qui fait étalage de ses propres vices — se couvre au moins de l'apparence de la vertu, car ceci peut être pour lui la voie du salut. Mais l'espoir de voir se convertir le cynique est bien faible, car le cynique montre qu'il ne fait aucun cas de la vertu. C'est l'homme qui a renoncé à la vie et qui ne peut pas être heureux.

Dites au voleur qu'il ne *peut* pas voler et il ne volera que difficilement.

La vraie bonté a les mille ruses de la diplomatie

pour faire le bien ; elle se sert de tous les expédients pour atteindre un noble but.

Pour chaque larme que l'homme bon épargne à ses semblables, il aura cent sourires.

La pratique de la bonté est-elle la manifestation d'un égoïsme raffiné ? Soit ; grâce à la multitude de ces égoïsmes, le monde progresse et les hommes approchent de l'idéal de la vraie fraternité.

CHAPITRE IX

La beauté sans cosmétiques

SOMMAIRE :

Bonté et beauté. — Quel est notre art de la beauté. — La gymnastique mentale de la beauté. — La puissance autoplastique. — De *Gibson's girl* à *Fluffy Ruffles*. — Les jeunes filles américaines ont voulu être belles. — L'immoralité des femmes laides. — Les recettes mentales de la beauté.

« Sois belle et fais ce que le cœur te conseillera. »
RENAN.

« Ne songez pas à embellir l'homme sans le rendre meilleur. »
LAVATER.

« L'imagination, par un travail obscur et incessant, exerce sur nous une sorte de puissance plastique »
SEUCHSTERLEBEN.

« Le facteur qui détermine véritablement la beauté qu'aucun âge ne peut faire vieillir, et qu'aucune habitude ne peut faire oublier ou flétrir, c'est l'esprit. »
Docteur SALEEBY.

« Mon corps est cette partie du monde que mes pensées peuvent changer »
LICHTEMBERG.

Bonté et Beauté.

Beaucoup accuseront ce chapitre de frivolité, pensant que la conquête de la beauté ne peut constituer une fin morale. Toutefois, une semblable pensée est très superficielle et cette accusation ne soutient pas un examen un peu approfondi.

La tentative d'arriver à obtenir la beauté du corps n'est nullement frivole. Elle obéit inconsciemment à la loi universelle de perfectionnement qui porte l'homme à être l'expression la plus haute de la beauté organique.

Tout effort pour se rapprocher de l'idéal esthétique que la nature semble destiner à la figure humaine est au contraire d'un sérieux indiscutable. Et cela parce que l'idéal de la vraie beauté humaine se confond avec l'idéal de la bonté.

Bonté et beauté sont deux fins que l'homme doit réunir en une seule : l'équilibre mental et corporel.

La beauté n'est que le signe extérieur de la bonté ; et on ne peut être beau sans avoir en même temps atteint cet état de la psyché qui constitue la « beauté de l'âme ». Et puisque, comme nous l'avons vu, l'homme ne peut être sain sans avoir atteint la beauté, ainsi la vie humaine doit être considérée comme un effort continu pour compléter le trinome : beauté, bonté, santé.

La tentative de conquérir la beauté est donc d'une haute moralité, puisqu'elle doit marcher de pair avec la conquête de la bonté et de la santé, et elle ne peut opérer isolément sous peine d'être alors vraiment frivole et inefficace.

La nature veut-elle que l'homme soit beau pour qu'il soit bon, ou veut-elle qu'il soit bon pour qu'il soit beau ? Ceux qui conçoivent le monde au point de vue esthétique soutiennent que la fin que s'est proposée la nature est l'expression du beau, et que toute activité humaine converge vers ce raisonnement. Ceux qui, au contraire, soutiennent que le but de la nature est l'obtention du bien, conçoivent que toutes les activités humaines convergent vers cette fin. Mais le problème est mal posé ; peut-être la nature ne se propose-t-elle aucun but et il serait plus juste de se demander quel but se propose la volonté. Or, il paraît hors de doute que la volonté humaine — la seule volonté que nous ayons le droit d'étudier, comme la seule que nous connaissions, — tend vers le bonheur pour l'obtention duquel elle se sert des moyens les plus propres à ses vues et parmi lesquels celui de la bonté est le premier.

Cosmèse sans cosmétiques.

Ceci posé, il est facile de tirer la conséquence que chacun de ces moyens aptes à aider à l'obtention de la bonté et de la santé, aidera encore à l'obtention de la beauté.

Il existe donc un « art de la beauté » en dehors des conseils donnés par ceux qui professent « l'art de la beauté » dans les laboratoires. Le lecteur a déjà compris que les conseils qu'il pourra retirer de ce chapitre n'ont rien de commun avec ceux contenus dans les livres à formules pharmaceutiques et que nous ne donnerons pas une série de recettes à base d'ingrédients chimiques.

Nos recettes, alors qu'on veuille les appeler ainsi, sont purement « mentales ».

Avec ceci, nous n'excluons nullement tous ces exercices physiques qui se trouvent dans les différents traités de gymnastique, lesquels nous recommandons même, pourvu qu'ils soient toujours accompagnés par les exercices spirituels qui forment la base de notre système.

Il est donc entendu que nous n'avons pas l'intention de donner à nos conseils psychologiques une valeur absolue, mais seulement relative, c'est-à-dire en n'excluant pas la coopération précieuse de la gymnastique physique ; toutefois, nous croyons opportun d'ajouter que ces médiateurs qui bornent la gymnastique aux seuls mouvements physiques pèchent par absolutisme, comme nous pècherions, nous, en voulant nous borner à la pure gymnastique psychique.

Chaque conseil contenu dans ce livre, non seulement pour ce qui regarde la conquête de la beauté, mais encore pour tout le reste : joie, bonté, santé, énergie, etc., doit être suivi parallèlement à ces exercices physiques que le lecteur croira plus adaptables à son tempérament, pourvu que ces exercices ne soient jamais ni exclusifs ni exagérés. C'est une fort belle chose que le sport, mais, s'il absorbe toutes les activités, il devient un véritable moyen d'abrutissement qui peut reconduire l'humanité à une nouvelle barbarie. Si nous disons ceci, c'est parce que, chez certains peuples, il s'accuse un peu trop évidemment une tendance à donner aux sports une prédominance tyrannique, alors qu'il serait désirable de rendre plus populaire la gymnastique spirituelle.

N'oublions pas que l'équilibre de l'homme parfait ne peut s'obtenir qu'au moyen d'une température prudente d'exercices physiques et psychiques, et que l'esprit est un élément qu'il ne faut pas négliger complètement quand on désire obtenir la beauté.

Éduquer l'esprit par les conseils que nous exposerons, veut dire éduquer l'expression du visage. Voici comment s'exprime le docteur Saleeby dans son précieux livre sur les ravages de la préoccupation :

« Le facteur qui détermine vraiment la beauté

qu'aucun âge ne peut faire vieillir et qu'aucune habitude ne peut faire oublier ou flétrir, c'est l'esprit. Ici, comme partout ailleurs, du reste, l'esprit seul est important, en dépit des apparences. Il n'y a aucun cosmétique, ni parmi ceux qui sont connus, ni parmi ceux que la chimie pourra nous révéler dans l'avenir, qui puisse être comparé, pendant un instant seulement, à un cœur léger, à un esprit clair, et à une âme aimante. Et de toutes les ruines de votre visage, il n'y en a aucune qui puisse égaler les ravages de la préoccupation, contre lesquels tous vos moyens chimiques, votre électricité, votre massage et vos machines épilatoires ne sont d'aucun secours. »

Beauté profonde et Beauté à fleur de peau.

Le docteur Saleeby reconnaît à l'esprit un pouvoir plastique obscur, mais indéniable, sur la formation de la beauté physique. Il ajoute : « Cette beauté qui possède une profondeur immensément supérieure à celle de la peau, cette beauté qui persiste en dépit de tous les désastres de la vie, qui compte dans le long trajet, est une création de l'esprit et ne peut être détruite que par lui. — Ce sont là des choses que nous connaissons tous : tous, tant que nous sommes, nous avons lu comment la femme qui prédomine dans l'histoire est douée d'une beauté qui n'est pas simplement cutanée, mais psychique. Et cependant, en règle générale, les femmes ignorent ce qu'elles savent ou ce qu'elles devraient savoir si bien. »

Dans quel milieu doit se développer la beauté.

Ce chapitre, consacré spécialement aux femmes, aidera à faire connaître quelques-uns des préceptes de la cosmèse sans cosmétiques. Les éléments de la gymnastique psychique que nous allons décrire ne sont que l'application des paroles que nous venons de citer. En admettant que l'esprit ait un pouvoir plastique — et il n'y a personne qui puisse raisonnablement ne pas l'admettre — il est logique d'en déduire une conséquence pratique.

Cette conséquence pratique est l'esquisse d'une gymnastique psychique propre à recueillir les bons effets du pouvoir plastique de notre esprit.

Toutefois, avant d'esquisser ce croquis, il est juste que nous fassions une observation de pas peu d'importance.

La gymnastique psychique doit s'exercer dans une atmosphère adéquate. Nous ne pourrions nous expliquer mieux qu'en rappelant au lecteur, comme l'a déjà fait Saleeby, les cinq merveilleux poèmes de Wordsworth sur Lucie.

Dans un de ces poèmes, celui qui commence : « Three years she grew in sun and shower » le délicat et génial poète chante par quels moyens la nature forme la femme parfaite et belle. « Il faut que l'enfant soit l'amie des étoiles et des ruisseaux, et la beauté née du sain murmure de la nature passera sur son visage. — Ce n'est pas au milieu de la foule, ni parmi les préoccupations de la ville, mais dans la communion avec la nature placide et bonne que l'enfant acquerra cette beauté d'expression qui captivera tous ceux à qui elle tombera sous le regard, ou qui, enfin, ne disparaîtra que sous le linceul funéraire... »

Wordsworth, assoiffé de beauté, a admirablement compris dans quelle atmosphère se forme ce don merveilleux, et ses strophes valent un long traité d'esthétique : mais, malheureusement, il n'est pas donné à toutes les femmes de se choisir une existence parmi les fleurs et les clairs ruisseaux, au sein de la nature, en contact direct avec les forces spontanées de la vie ; et l'enfant chantée par le grand poète est un rêve dont il faut rabattre beaucoup dans les exigences de la vie moderne. Ces exigences astreignent la femme à passer la meilleure partie de ses jours dans le tohubohu des villes, au milieu des soucis quotidiens, dans la vision confuse des choses laides et antipathiques, le regard constamment blessé par des lignes et des couleurs désagréables, les oreilles martelées de bruits déchirants.

Une atmosphère pareille est extrêmement nuisible à l'élaboration de la beauté ; les énergies spirituelles sont continuellement empêchées dans leur jalouse manifestation plastique.

Néanmoins, la femme peut, à une certaine heure de

la journée, se libérer de ce milieu délétère et se renfermer dans la contemplation et la méditation. Il est donné à tous, même dans le moderne esclavage des villes, d'être « ami des étoiles », de se mettre en communion avec la nature ; il y a des nuits merveilleusement étoilées qui semblent venues tout exprès pour une semblable libération de l'esprit et il y a des journées pendant lesquelles le soleil pénètre dans la plus modeste chambrette pour réjouir notre âme et la réveiller.

Toute femme a bien une heure à soi pendant laquelle elle peut se retrouver elle et la meilleure partie de son âme ; pendant laquelle il lui est donné de vivre la vie pleine de l'enfant mystique du poète anglais et élever son âme à l'universelle beauté. Toute femme peut se créer une atmosphère tiède, entourer ses regards de choses sympathiques, faire de l'appui fleuri de sa fenêtre un jardinet et contempler à travers les fleurs un lambeau de l'infini.

Toutes les fenêtres s'ouvrent sur l'infini et, pourvu seulement que nous le voulions, nous pouvons communiquer avec l'infini de n'importe quel point de la terre : l'essentiel, c'est de se faire une âme, ou mieux de retrouver l'âme que nous possédons tous, ainsi souvent, sans le savoir ; et ayant retrouvé l'âme, nous avons retrouvé la voie pour nous élever à la bonté et à la beauté... Toute âme — dit un écrivain spiritualiste français, L. Denis (*le Problème de l'être et de la destinée*) — toute âme peut se faire, moyennant ses propres pensées, une atmosphère spirituelle aussi belle et aussi splendide que dans les paysages les plus enchanteurs, et dans la maison la plus humble, comme dans l'auberge la plus misérable, il y a des ouvertures sur Dieu et sur l'infini. »

Créez-vous cette atmosphère spirituelle où toute pensée est sacrée et élevée, où toute chose est vue par les yeux sous son aspect divin et, quelque misérable que soit votre condition, vous découvrirez toujours un rayon de beauté qui illuminera toute votre vie en reflétant sur votre visage la sérénité du sage et la douceur de l'homme qui espère.

Mais ne vous illusionnez pas de trouver la beauté en passant par les chemins tortueux du vice et de la perversité morale ; vous n'y trouverez que le macabre visage embelli de la mégère qui veut faire la belle. Cherchez la beauté dans tout être bon, et vous la trouverez ; conquérez la beauté par la bonté en purgeant votre âme de toute pensée vile, en vous libérant de toute bassesse, en vous élevant sur les ailes de la joie morale vers les splendeurs de la perfection physique.

La gymnastique psychologique de la beauté.

Cherchons maintenant à commencer notre gymnastique psychique pour aider le pouvoir plastique de l'esprit.

La première opération à exécuter est celle de se créer un « idéal de beauté ».

Par ces paroles, nous voulons dire que toute personne désireuse de perfectionner son expression esthétique doit fixer dans son esprit un type de beauté auquel elle rapporte toutes ses aspirations, tous ses désirs de rapprochement.

L'idéal de la beauté peut être tiré de la réalité ou de l'art.

Il est tiré de la réalité quand, frappés de la beauté d'une personne et de l'expression fascinante de sa physionomie, nous nous en fixons les traits si énergiquement dans la mémoire au point de la voir comme devant les yeux, continuellement, et quasi comme une insistance obsédante.

Mais l'idéal de la beauté peut se tirer plus facilement de l'art du peintre ou du sculpteur quel qu'il soit.

De toute façon — qu'il soit tiré de l'art ou de la réalité — l'idéal de beauté doit revêtir à nos yeux la perfection esthétique; il doit représenter pour nous tout ce que nous pouvons désirer de plus beau : à ses lignes doivent se rapporter tous nos désirs; être le modèle dont les pouvoirs plastiques de nos forces intérieures tirent une copie.

Le choix de l'idéal de beauté est l'opération la plus importante que l'on doive accomplir pour commencer l'autocréation d'une figure esthétique, et ce choix se fera d'une manière pondérée, mais, une fois fait, il devra être constamment maintenu. C'est avec les yeux de l'esprit que nous devons *voir* ce modèle de beauté et le voir complètement dans tout son relief, dans tout ce qu'il présente d'intéressant, dans ses plus menus détails ; nous devons le voir comme on voit une personne vivante. Son aspect doit se fixer dans l'esprit avec une intensité telle qu'en fermant les yeux il se reproduise dans l'obscurité avec tout le relief de la sculpture.

A toute heure de la journée, en quelque lieu que ce soit, même en songe, nous devons évoquer l'idéal de beauté dans notre imagination en cherchant peu à peu à le voir, non plus réfléchi devant nous, mais face à face avec nous.

Nous devons faire converger tous nos efforts pour atteindre par la pensée à une identification du modèle avec nous-mêmes ; nous devons, en un mot, nous contempler nous-mêmes dans le modèle. Cette opération psychologique, énoncée ainsi brièvement, peut sembler quelque peu méthaphysique ; elle est toutefois d'une réelle possibilité, puisqu'elle a été accomplie plusieurs fois et même récemment, disons-le, sur une vaste échelle.

De « Gibson's girl » à « Fluffy Ruffles. »

Tout le monde a entendu parler de la *Gibson's girl* et de *Fluffy Ruffles* comme de personnages vraiment réels ; en effet, ils sont devenus réels par l'opération psychologique que nous conseillons à quiconque veut conquérir la beauté.

La *Gibson's girl* et *Fluffy Ruffles* sont les idéaux de beauté des jeunes Américaines que deux artistes de talent ont, pour nous exprimer ainsi, mis sur le marché. Or, ces modèles ont été si bien imités par les jeunes filles que leur type de beauté s'est prodigieusement multiplié et que nous ne voyons plus dans les salons américains que des Gibson's girls et des Fluffy Ruffles. Des jeunes filles, qui, avant de copier le modèle en vogue, n'étaient pas du tout considérées comme belles ou séduisantes, se sont, au bout de peu de temps, tellement bien transformées qu'elles semblent être des personnes tout à fait autres.

Il est vrai que la manière de se coiffer et de s'arranger contribue à rendre plus parfaite la ressemblance avec le modèle; mais il est un fait désormais indiscutable que l'expression du visage s'est *calquée* sur les types mis à la mode par les deux géniaux artistes.

Ceci est la preuve expérimentale de la théorie qui considère notre corps comme une création de notre esprit, et la volonté comme une force prodigieuse qui façonne notre extériorité. « L'âme est l'auteur du corps », a dit Léonard de Vinci, ce devin de toutes les vérités.

Nous avons une preuve indéniable du pouvoir plastique de notre imagination dans les résultats de la fréquentation de personnes entre elles ou de personnes avec les animaux. Tout le monde a fait cette observation que la cohabitation quotidienne tend à égaliser la physionomie de deux personnes, comme s'il y avait une loi d'équilibre *expressif* en vertu de laquelle deux physionomies, à l'instar des vases communicants qui tendent à s'établir au même niveau en se remplissant mutuellement ; de même que l'on a constaté généralement que la physionomie d'un homme obligé de passer toute sa vie avec certains animaux acquiert avec ceux-ci une ressemblance marquée.

Notre esprit a une puissance d'assimilation énorme dont il tend à extérioriser le résultat dans l'expression de la figure physique. On pourrait dire presque que notre visage est une plaque photographique sur laquelle les réactifs psychiques fixent l'image que nous avons contemplée plus sympathiquement. Tous nous avons fait l'observation que deux amis copient l'un sur l'autre les tics, les mouvements, l'allure, la façon de parler, de sourire, de regarder.

Il n'y a donc rien de mystique dans l'énonciation de ce principe : que par un effort de volonté prolongé, nous sommes en état de modifier notre figure et de lui imprimer ce type de beauté qui synthétise le plus nos goûts esthétiques.

La volonté de la beauté.

Pour rendre possible ce résultat d'autoplastie, il faut que le corps et l'esprit se trouvent dans une condition d'équilibre, ce qui veut dire que toutes nos puissances occultes soient libres d'agir, ce qui signifie, en d'autres termes, que notre psyché doit se trouver dans un état d'optimisme confiant et que le ton vital doit être élevé.

Il serait absurde de demander ce travail d'autoplastie à des énergies qui sommeillent et qui sont comprimées par un état maladif physique et moral.

La quiétude d'âme est donc la condition indispensable pour se préparer à l'autocréation d'un type de beauté ; toute tentative qui serait faite dans un état psychologique d'inquiétude, est destinée à échouer piteusement.

Les personnes qui sont en proie à une manie, à une obsession, à une phobie, qui passent leurs nuits d'insomnie assiégées de préoccupations de toutes sortes, gaspilleraient leur temps si elles voulaient arriver à conquérir une belle physionomie. Toutefois il est vrai aussi qu'une personne dans de telles conditions, a bien autre chose à penser qu'à l'embellissement de son expression et que ce qui presse le plus pour le moment, c'est d'arriver à la guérison de son inquiétude.

Celui donc qui pense et désire arriver à une modification de sa physionomie se trouve déjà dans les meilleures conditions pour y arriver. Puisqu'il le veut, l'instrument d'exécution est prêt. La volonté est une force qui commence à être telle quand elle prend conscience de soi. Ce n'est pas un cercle vicieux que celui dans lequel les théories nouvelles veulent placer les hommes faibles de volonté. Les critiques de ces théories disent que nous voulons rendre forte une volonté faible et que ceci est une illusion à l'égal de vouloir faire marcher les hommes sans jambes. Pas du tout ; nous voulons simplement faire marcher les hommes qui ont oublié l'usage de leurs jambes. L'aboulique n'est nullement dépourvu de volonté mais il est privé de la connaissance de sa volonté : il a un trésor, sans savoir qu'il le possède : voilà tout le problème à résoudre. Nous disons ceci pour répondre à ceux qui seraient tentés de voir dans notre système un cercle vicieux.

Le devoir d'être belles.

Ce chapitre-ci est dédié spécialement aux femmes qui ont, selon nous, non seulement le droit, mais le devoir d'être belles. L'avenir du monde est dans leur expression de beauté, car lorsque tous les hommes seront beaux, cela veut dire qu'ils seront encore bons et sains. La conquête du bonheur est dans la réduction à l'unité du trinôme : beauté — bonté — santé, et c'est à la femme qu'incombe l'accomplissement de cette solution.

Si nous n'avions pas l'air de lancer ce que l'on a l'habitude d'appeler un brillant paradoxe, nous serions tentés de juger *immorale* la femme laide, parce qu'elle ne répond pas à l'appel de l'espèce en faisant obstacle à son but final qui est d'atteindre au bonheur.

Mais il ne serait pas équitable de la juger immorale

suivant les données de la responsabilité personnelle, parce que la femme n'est pas *toujours* coupable de sa laideur, quoiqu'elle le soit dans la plupart des cas, par une conduite irrégulière, antihygiénique, désordonnée.

La femme est en outre très souvent laide parce qu'elle n'a pas su cultiver la fleur précieuse de la bonté. Mais il est juste d'observer qu'il y a des femmes suavement bonnes et qui cependant ne sont pas belles. Cette constatation douloureuse paraît à première vue être en opposition avec tout ce que nous avons dit, et avec les fins mêmes que nous avons assignées à la volonté humaine d'atteindre le beau avec le bon. Mais ce contraste n'est qu'apparent : la grande loi, en vertu de laquelle la bonté s'est intégrée dans la bonté, n'est aucunement violée, parce que les enfants de la femme bonne, quoique laide, sont *presque toujours beaux*, et en tous cas parce que les enfants de ses enfants le seront. Pour nous exprimer en d'autres paroles, nous croyons pouvoir affirmer, sans tomber dans l'arbitraire, que la bonté conduit à la beauté, sinon pas toujours dans l'individu, toujours dans les générations. Et nous verrons l'application de cette théorie au chapitre particulièrement consacré à la transmission de la beauté dans nos enfants.

Bornons-nous, pour le moment, à observer comment les tentatives faites par la femme pour arriver à la beauté par le moyen que nous nous flattons d'avoir clairement expliqué, ne sont jamais perdues, parce que même, si elle ne réussissait pas à les réaliser de suite et pour ses satisfactions personnelles, elle les réalisera dans ses descendants.

Voilà pourquoi la recherche de la beauté s'impose à la femme comme un devoir, et comme un devoir auquel elle ne doit pas se soustraire, pas même avec l'excuse égoïste qu'elle n'a aucune ambition. La femme doit être ambitieuse de beauté. Dans ce cas-ci, l'ambition n'est pas un vice mais elle est la première de ses vertus parce qu'elle démontre en elle la haute compréhension d'un devoir sacré, celui de donner la vie à des hommes beaux et sains. Nous comptons donc, parmi les premiers devoirs de la femme la tentative d'atteindre un type idéal de beauté. Ce devoir devrait être maintenu au moins sur le même niveau qu'une bonne instruction.

Dès ses premières années l'obligation morale d'apprendre l'art d'être belle s'impose à la femme, non en vue du développement d'une puérile coquetterie, mais de l'accomplissement d'une fin auguste : celle de perfectionner l'âme et le corps de la race à laquelle elle appartient. Se créer un type de beauté, conserver ce type le plus largement possible, le transmettre à ses enfants ; voilà le vrai féminisme de la femme, voilà ce qui peut faire d'elle la reine du monde et l'être auquel nous devons tous les dévouements et tous les sacrifices.

Sont donc coupables de lèse-beauté les femmes qui n'ont pas l'ambition de leur corps, qui le laissent se rider et dépérir, qui éteignent sur leur visage la splendeur divine de la suavité, qui oublient le devoir sacré de la *coquetterie sublime,* qui par le vice et par une conduite déréglée dégradent la pureté des formes. Plus coupables encore sont ceux qui empêchent la femme de satisfaire son aspiration souveraine à la beauté, qui l'assujettissent à des travaux pénibles et dégradants, qui en font la bête de somme de leur avidité, qui étouffent la fleur divine et dégradent la grande âme féminine dans les fatigues journalières des esclaves.

La mission de la femme c'est la beauté, car la beauté est la splendeur du beau et du bien et elle est l'appât que la volonté de vivre a créé pour attirer l'homme vers le bien et le bonheur. Une beauté qui se dégrade est un délit qui se commet ; femmes aux mains desquelles est confié le flambeau de la vie, créez-vous une beauté, si vos auteurs imprévoyants n'ont su vous la laisser en héritage et, si vous ne pouvez vous la créer à vous-mêmes, créez-la pour vos enfants...

Efforcez-vous de l'obtenir par tous les moyens, l'effort ne sera pas perdu et la pensée même, que vos enfants recueilleront la récompense de vos fatigues est une pensée tellement douce qu'elle seule suffit à vous embellir.

Les recettes mentales de la beauté.

L'expérience faite par les jeunes filles américaines de copier le type de la Gibson's girl et de Fluffy Ruffles, prouve que le désir ardent de réaliser un idéal de beauté donne toujours des résultats positifs.

Notre âme possède un pouvoir plastique capable de transformer lentement notre visage en lui donnant la physionomie que les yeux contemplent le plus fréquemment et de l'idéal de beauté que nous nous sommes fixé dans l'esprit.

La première opération à exécuter est de choisir un idéal de beauté et de vivre intensément jusqu'au point de réussir à nous imaginer nous-mêmes dans le modèle.

La vision mentale, et lorsqu'elle sera possible, la vision réelle du type de beauté, doit être intense, continue, quotidienne. Même en pratiquant des exercices de gymnastique physique, il ne faut pas perdre de vue le modèle idéal. Tout mouvement veut être fait en pensant intensément au modèle que l'on veut imiter.

Le pouvoir autoplastique dont sont doués tous les hommes doit s'exciter dans une complète tranquillité d'esprit; il ne faut en être distrait pour aucun motif.

La fréquentation quotidienne des musées et des galeries de tableaux, la vision continuelle des œuvres d'art sont utiles pour en faciliter l'essai.

La femme qui veut conquérir la beauté doit éviter la vie déréglée, le vice, les fatigues qui enlaidissent, les causes de maladie et les préoccupations.

Tout ce qui aide à nous faire meilleurs et plus sains aidera à nous embellir.

CHAPITRE X

La beauté transmise aux enfants.

SOMMAIRE :

La beauté pour les enfants. — Le sentiment de la maternité est un facteur de beauté. — Les neuf mois de l'attente. — L'idéal de beauté que l'on veut transmettre aux enfants. — La statue idéale. — La prière de la maternité. — L'extase maternelle. — Un rayon de beauté sur la vie nouvelle qui naît. — Quand le fils est né.

« Dans l'union du père et de la mère, l'imagination contribue puissamment à déterminer préalablement la forme de la créature. »

FEUCHSTERLEBEN.

La beauté à nos enfants.

La femme, qui se plaint de s'être donné en vain de la peine en vue de son propre perfectionnement esthétique, uniquement parce que le miroir n'enregistre aucune transformation sur son visage, nous semble devoir se plaindre à tort ; vu que, avant tout, il peut exister une transformation physique sans qu'elle soit à même de la percevoir. Si elle avait vraiment suivi nos conseils, il se serait sans doute produit une amélioration de sa physionomie, ne fut-ce que dans une lueur plus vive du regard, miroir d'un espoir renouvelé et dans un sourire plus doux, manifestation d'une beauté qui se retrouve. Elle aura le sentiment de cette transformation en observant, non le miroir, incapable de réfléchir la dynamique du visage, mais la sympathie accrue des personnes qui l'entourent, et qui sont devenues plus empressées et plus aimables, étant comme attirées par un rayonnement nouveau, né d'un renouvellement spirituel.

Il sera bien arrivé à chacun de vous, à certains jours et à certaines périodes de la vie, de se sentir entouré d'une sympathie et d'une affabilité plus grandes de la part des amis et amies. Vous ne pouvez tout d'abord vous expliquer cet agréable changement en votre faveur, puis en repensant mieux à votre vie intime, vous vous apercevez qu'il y a une raison à ce singulier phénomène de sympathie. Ou vous êtes devenu plus optimiste et plus bienveillant envers vos semblables, ou une lecture agréable vous a éclairé tout à coup, ou encore quelque joie imprévue a transfusé dans votre regard ce je ne sais quoi d'où naît l'impression sympathique de la physionomie. En vous examinant bien, vous vous apercevez qu'un phénomène de vie intérieure a modifié votre figure en la rendant plus belle et plus attrayante. Et vous, ne vous étonnez plus alors de ce que la sympathie des personnes se porte vers vous avec une facilité plus grande.

Une amélioration, d'expression esthétique a donc pu s'opérer sans que les lignes du visage soient changées ; mais alors même que la femme ne remarquerait rien de tout ceci et que les personnes qui l'entourent ne montreraient aucun changement à son égard, ses plaintes seraient néanmoins injustes ; car si les tentatives pour obtenir une amélioration dans l'expression esthétique, ont été faites avec une volonté sincère et énergique de beauté, ces tentatives se réaliseront dans ses enfants.

Si cette pensée ne suffit pas à la dédommager de ses efforts quotidiens vers la beauté, c'est que dans l'esprit de la femme pousserait la mauvaise herbe de l'égoïsme qui détruit les bienfaits d'un système basé sur la pratique de la bonté.

Pour la femme qui ne ressent pas l'amour de ses enfants, nous n'avons pas de conseils efficaces; celle-là reste exclue de notre programme, de même qu'elle demeure exclue de la normalité de la vie; car la femme, dépourvue du sentiment profond de la maternité, est en dehors de la loi naturelle et appartient à la tératologie. Une pareille femme est un monstre

Nous avons insisté plusieurs fois sur la considération que la recherche de la beauté est le devoir social de la femme; nous ajoutons qu'elle doit s'embellir, non pour la satisfaction de son égoïsme, mais pour être en état de transmettre à ses enfants un héritage esthétique lentement accumulé et que c'est dans ce but seulement qu'elle devra se consacrer à « l'art de la beauté ».

Mais le problème que nous proposons maintenant de résoudre en est-il un qui soit renfermé dans les limites de la possibilité humaine, et pouvons-nous en atteindre la solution par les moyens à notre portée ? En d'autres termes pouvons-nous transmettre à nos enfants une expression esthétique obtenue par des moyens dont nous puissions consciemment disposer ?

La beauté de nos enfants ne serait-elle peut-être pas due au hasard ? Les parents en donnant le jour à un être nouveau ne pourraient-ils pas être comparés aux joueurs de jeux de hasard ?

Nous croyons fermement à cette possibilité et la croyance que la volonté des parents, leur ardent désir d'engendrer des eufants esthétiquement doués, ne sont jamais perdus, est profonde en nous et avec Feuchsterleben nous affirmons que « dans l'union du père et de la mère, l'imagination contribue puissamment à déterminer préalablement la forme de la créature ».

Notre croyance ne dépend d'ailleurs pas d'une conviction personnelle, car nous la voyons répandue, plus ou moins clairement exprimée, dans l'humanité tout entière.

C'est en effet une conviction ancienne, généralement répandue, que pendant la période pendant laquelle la femme attend le fruit de ses entrailles, elle doit éviter la vue d'objets désagréables, d'images monstrueuses, d'animaux répugnants, parce que ces impressions repoussantes excercent une influence matérielle sur les traits de l'être qui doit naître. Au contraire, l'opinion que la vue de belles choses, la contemplation d'objets agréables servent à imprimer sur le visage de la créature un sentiment de beauté, est également répandue depuis des siècles.

Chacun de nous a entendu raconter à ce propos une infinité de cas : naissances monstrueuses dues à une frayeur éprouvée par la mère, ressemblances étranges avec des animaux, imperfections physiques déterminées par une impression de dégoût éprouvée par la femme, etc. Nous voulons bien admettre qu'une grande partie de ces cas monstrueux aient pris naissance dans la fantaisie fertile du bas peuple, mais beaucoup aussi sont authentiques et la science les a constatés, si elle ne les a pas suffisamment étudiés.

Tous les traités d'hygiène de la femme conseillent à la femme enceinte la tranquillité d'esprit, parce qu'il est prouvé d'une manière irréfutable que les émotions vives peuvent exercer sur l'enfant à naître une influence délétère. Il n'y a rien de fantaisiste dans la croyance que, moyennant une discipline spirituelle déterminée, la femme puisse réaliser son vif désir de transmettre à son enfant un corps harmonieux et esthétique.

Si la transmission des caractères héréditaires est désormais une certitude, qu'aucune hypothèse contraire ne peut détruire, nous nous tenons toujours dans le champ de la science en admettant que l'imagination qui — comme le dit Feuchtersleben — exerce sur nous, par un travail obscur et incessant, une sorte de pouvoir plastique, puisse s'exercer dans l'enfant.

Les Anciens ont admirablement appliqué les règles de ce qu'ils ont appelé l'*eugénique*, à laquelle nous sommes redevables du type de la beauté grecque, lequel s'est élaboré dans la contemplation des chefs-d'œuvre de l'art et s'est enfermé dans une atmosphère esthétique unique dans l'histoire. Les belles statues grecques étaient la copie de la beauté vivante et la beauté vivante la copie des belles statues grecques ; ce merveilleux type de beauté pourrait encore être répandu dans le monde si l'on pouvait rendre possible à toutes les femmes la vue continuelle de ce type, réchauffée par une imagination puissante.

Mais une semblable espérance entrerait dans le domaine de la chimère, tandis que nous devons nous borner à mettre nos lectrices sur la bonne voie de réaliser leurs désirs, nullement chimériques, de transmettre à leurs enfants un rayon de beauté.

Dans les pages qui vont suivre, nous exposerons, dans un langage familier et simple, le régime psychique que doit suivre la femme durant la période d'attente bien connue, tout en l'avertissant qu'elle devra le faire marcher de pair avec le régime physique que lui prescrira le docteur pour son hygiène générale.

Mais la condition première, pour que nos conseils ne tombent pas absolument dans le vide, c'est la foi. Il faut que la femme croie fermement à la puissance de son imagination sur la formation plastique de l'être nouveau qu'elle attend : et il faut qu'elle nous croie parce que c'est une vérité aujourd'hui assurée que « rien dans le monde ne se perd » et que « tout désir énergique se réalise ».

Éloignez comme des ennemis ceux qui sourient

railleusement de votre foi, car le contact est pestilentiel et détruit en vous toute imagination créatrice.

Ayez la foi, et votre foi vous prouvera que ce n'aura pas été en vain que vous aurez cru et espéré.

Le moment solennel.

L'instant où se crée une vie nouvelle est l'heure la plus solennelle : c'est à ce moment que tout ce qu'il y a de divin en l'homme doit surgir des profondeurs du *Moi,* et malheureux sont ceux qui ne comprennent pas l'immensité morale de ce moment. Malheureux sont les sceptiques qui sourient à cet instant du sourire hébété de celui qui n'a jamais compris la vie ; malheureux sont les jouisseurs vicieux qui fraudent en cette divine minute en cherchant à tromper la nature; malheureux sont tous ceux qui ne se préparent pas à accomplir l'acte immortel avec la dévotion religieuse du croyant. La nature frappe tous ceux qui multiplient avec une légèreté irréfléchie l'instant solennel et qui en font un ignoble sport de leurs sens : elle les frappe dans leur descendance. Cette minute est divine et ils sont punis ceux qui la rendent bestiale et futile.

Le grand humoriste anglais Laurent Sterne a bien compris cette immortelle vérité dans les premières pages de son *Tristam Shandy*, où sous l'ironie subtile on sent la douleur, l'amertume de celui qui se sait être le fruit d'un « moment de bestialité ». Jamais homme, sous une apparence plaisante plus adroite, n'a lancé à la face de ses auteurs plus terrible reproche !

« *Une singulière idée dans un singulier moment.* »

« J'aurais aimé que mon père ou ma mère, ou même tous les deux, et c'eût été leur devoir le plus strict, eussent pensé à ce qu'ils faisaient lorsqu'il leur plut de me donner l'existence ; car s'ils avaient considéré l'importance de l'opération qu'ils accomplissaient, que la production d'un être doué de raison est d'intérêt ainsi que l'heureuse conformation et la constitution de son corps et — qui sait ? — peut-être aussi son intelligence et la tournure de son esprit ; et que la fortune de leur maison aussi dépendait des dispositions et de l'humeur sous l'empire desquels ils se trouvaient à ce moment décisif, s'ils avaient pensé à tout cela, et s'ils avaient agi en conséquence, — j'ai l'assurance profonde que j'aurais fait dans le monde une bien autre figure que celle, qu'à cause de tout cela, je ferai pour tout le restant de mes jours. Croyez-moi, bonnes gens, ceci est un point bien plus important que vous ne pensez ; vous avez tous, je présume, entendu parler des esprits animaux et de la manière dont ils sont transfusés de père en fils, etc., etc., et de beaucoup d'autres choses encore à ce propos ; eh bien, je vous donne ma parole, que les neuf dixièmes du bon sens et de la stupidité d'un homme, de ses succès et de ses revers, dépendent de leur mouvement et des différentes directions que vous leur faites prendre dans ce moment psychologique ; le branle une fois donné, les esprits vous échappent avec précipitation et si l'impulsion se répète.... et une fois qu'ils en ont pris l'habitude, le diable en personne ne serait pas capable de les chasser...

— Dis-moi, mon chéri, demandait ma mère, n'as-tu pas oublié de remonter la pendule ?

— Bon Dieu ! répondit mon père en baissant la voix, est-il jamais arrivé depuis la création du monde qu'une femme ait interrompu un homme par une question aussi stupide à pareil moment ? »

Si, terrible et bon Laurent Sterne, quelque chose de pareil arrive souvent dans la vie moderne !

Trop souvent, hélas ! les parents pensent à quelque pendule à remonter... La coupable légèreté avec laquelle ils se mettent à la besogne pour donner la vie à des créatures nouvelles est une cause considérable de tant d'imperfections physiques et morales. Beaucoup, je le sais, souriront en lisant ces paroles, hausseront les épaules en murmurant : métaphysiqueries que tout cela ! Eh bien, une simple considération devra convaincre tous les sceptiques ; et c'est que pour la nature il n'y a rien de plus important que ce moment et qu'il est logique au moins de soupçonner que la nature le veut accompli avec sérieux et recueillement sous peines de conséquences terribles.

Comme toujours, le peuple a saisi la vérité. Un dicton vulgaire dit : « L'enfant de l'amour est beau. » Cette expression n'est que la synthèse d'observations séculaires. Les hommes ont toujours constaté que l'amour seul — entendu dans sa signification pure — pouvait seul créer le beau, moralement et physiquement...

Comment la mère doit attendre la venue de l'enfant.

Nous traçons le régime psychologique de la femme dans l'attente de l'enfant au moyen d'aphorismes, cette forme étant celle qui se prête le mieux à l'étude et à la méditation. — Ces aphorismes sont autant de recettes mentales que la mère devra lire attentivement dans le ferme espoir de les voir se réaliser.

Les neuf mois pendant lesquels s'élabore le fruit de ses entrailles, doivent se passer dans une sérénité d'âme parfaite, car l'inquiétude et les préoccupations la détournent de la possibilité de donner toutes ses pensées à celui qui doit naître. Si elle rencontre malheureusement quelque contrariété, qu'elle en détruise les pernicieux effets en pensant qu'une joie surhumaine l'attend, et qu'aucun être au monde n'est plus complètement heureux que la femme qui sent dans ses entrailles la palpitation de l'être nouveau qui y est renfermé.

Cette seule pensée doit suffire à jeter sur ses jours une teinte de bonheur et à la mettre au-dessus des contrariétés de tous les jours. Les soucis disparaissent devant cette grande lumière qui resplendit dans ces jours très doux de l'attente.

La pensée qu'elle accomplit la plus sacrée des fonctions humaines a une force tellement grande que tout désir matériel disparaît devant elle, que toute crainte mesquine se neutralise, que toute préoccupation vile se défait, et que la femme peut se consacrer tout entière dans la joie qui l'attend, dans l'espérance sublime de répandre sur le visage adoré un rayon divin de beauté.

L'orgueil de sentir en soi la palpitation d'une vie est si merveilleusement grand et élevé que la femme s'en trouve portée aux sphères les plus hautes de l'idéal, et son âme est tellement absorbée dans l'être qui doit venir que son état en ressemble à une véritable extase.

La femme devra chercher cet état extatique et le provoquer avec l'imagination fervente et avec la prière, parce que c'est en elles que le désir de la beauté peut exercer une force plastique sur la création : c'est dans ces états que les forces mystérieuses, mais réelles, qui agissent en nous se réveillent et concourent toutes à donner un corps à son rêve.

Dans la période d'attente, l'existence de la mère doit être entourée de belles choses ; d'objets d'art, de tableaux, de statues, de bibelots gracieux, de couleurs tendres et harmonieuses.

Les charmes de la musique aident à provoquer chez la femme cet état de pleine vitalité nécessaire à la réalisation de son désir.

Si les choses belles et artistiques qui entourent l'existence de la femme enceinte doivent être nombreuses, il y a un seul objet qui doit primer tous les autres : cet objet peut être ou une statue ou un tableau, mais il faut qu'il soit la représentation du type de beauté que la femme rêve pour son enfant.

La contemplation du modèle sur lequel elle désire façonner la forme de l'enfant devra alterner avec une vision imaginaire du modèle lui-même. En fermant les yeux, elle devra voir cette forme dans tous ses détails.

Pendant les états d'extase maternelle, la femme devra personnifier les lignes du modèle dans l'être qui va naître. Elle devra user de toute puissance d'imagination pour *voir* son enfant dans les formes idéales.

Elle ne devra vivre, elle ne devra penser, elle ne devra respirer que pour son enfant à venir ; son organisme tout entier ne devra fonctionner que pour lui.

Une ardente, une impétueuse prière devra s'exhaler chaque jour de son âme pendant ces neuf mois d'attente.

Si la femme croit en Dieu, qu'elle élève à lui sa prière, mais que ce soit une prière faite de toute son âme, de tout son cœur, de tous ses sens ; non pas l'usuelle prière comme stéréotypée dans la mémoire, mais la prière fervente, passionnée qui est à la fois un désir et une espérance, cri de l'âme tout entière et du corps tout entier, pour obtenir la réalisation de l'ardent désir.

« Notre Père qui êtes aux cieux, vous qui êtes la

bonté et la beauté, faites que le fruit de mes entrailles soit béni et qu'il ait la bonté et la beauté, ces dons indivisibles par lesquels vous vous révélez aux hommes ; faites qu'il ait le visage des anges qui chantent autour de votre trône et que votre sourire brille dans ses yeux.

« Dieu qui êtes en moi et qui me donnez la joie surhumaine de créer une vie nouvelle ; imprimez sur ses traits la beauté, car la beauté est la bonté et je veux qu'il soit bon et qu'il puisse vous louer ; je veux que son sourire égale la grâce des anges et que ses yeux reflètent l'infini... Éloignez de lui la laideur qui le rendrait malheureux et méchant, ne le marquez pas au visage de la marque des coupables, ne donnez pas à son regard la lueur sinistre qui refroidit les enthousiasmes et met les cœurs en fuite ; n'imprimez pas sur ses lèvres le rire moqueur qui glace les âmes et engendre les crimes. Dieu exaucez la prière d'une mère qui ne vit que pour lui.

« Dieu de bonté, faites qu'il naisse beau pour qu'il puisse aimer la vie et vous louer à toute heure. »

Et si la femme ne croit pas en Dieu, qu'elle adresse sa fervente prière aux puissances occultes de son *Moi* profond, qu'elle invoque les forces divines et puissantes qui gisent dans notre conscience subliminale, et qui accomplissent tous les jours des miracles dans les âmes complètement éveillées.

« Mon âme qui vivez profonde en moi, âme mystérieuse que je sens et qui vous révélez dans cet instant divin, faites qu'il naisse beau, afin qu'il puisse être heureux et sentir votre présence et user de sa force pour accomplir des choses grandes et bonnes... Faites que mon ardent désir se réalise car vous le pouvez si je le veux... »

Qu'elle prie Dieu ou son âme inconnue, pourvu qu'elle soit toujours dans un état d'abandon fervent, d'espérance violente, en une seule volonté infatigable : celle de procréer un enfant ayant au front un rayon de beauté.

Peu importe que sa prière soit muette et sans paroles, pourvu qu'elle prie, car la prière est la science de la femme et elle est l'affirmation de sa volonté. Une prière est un désir qui se réalise.

Le fils qui viendra répond dans son imagination à l'idéal chanté par le grand poète Bürger :

« Il paraît un héros qui ne perd pas sa santé ni ses grâces juvéniles dans les bras mous du plaisir et il peut justement s'écrier : « En moi il y a un homme ! » Il pousse comme le roseau fleuri dont la cime se balance gracieusement sur les prés et lorsqu'il marche, la grâce qui l'orne est telle, qu'il semble un Apollon pour la vigueur et la beauté.

Il est si majestueux qu'il semble un Dieu, dont la terre sera la seule demeure ! Il s'avance ou s'arrête avec dignité et il n'a peur de rien puisqu'il commande.

Ses yeux brillent de l'éclat des perles et ses joues colorées des roses de la santé sont plus fraîches que l'aurore. — Ce n'est pas en vain qu'un cortège des plus jolies femmes fleurira pour lui — Oh, heureuse celle dont il baisera les lèvres ! Oh, heureuse celle à qui il prodiguera ses caresses ! »

Les vers inspirés du poète antique sonnent mélodieux dans l'esprit de la mère qui attend pour enfermer dans un rythme la vision du fils qui déjà palpite en elle, comme s'il était désireux de se hâter vers la lumière divine de la vie...

L'invocation quotidienne faite dans un élan de tout l'être féminin vers les puissances en lesquelles il croit, trouvera son exaucement au jour solennel : une vie nouvelle s'ouvrira dans une auréole de beauté à travers les douleurs sacrées que la femme bénira. Le bébé est né et il porte au front le baiser divin de la Trinité : bonté, beauté, santé...

Les miracles de l'imagination féminine.

Toutefois il arrive que, quelque ardente qu'ait été l'invocation, quels qu'aient été les élans de la mère vers la beauté, son désir reste inexaucé. Le bébé, si ardemment souhaité, n'est pas beau, son visage ne porte pas l'empreinte du modèle rêvé et la maman sent s'effondrer toute sa confiance dans la force de la prière.

Mais cette maman désillusionnée a tort. Les efforts n'ont pas été vains. Aucune tentative n'est perdue dans le monde de la volonté. Il n'y a pas de désir qui ne se réalise avec le temps, pourvu que ce désir reste renfermé dans les limites des possibilités humaines.

Si la femme ne voit pas son rêve réalisé de suite, qu'elle ne désespère pas et qu'elle ne change pas sa prière en malédiction. Que plus que jamais, elle ait confiance dans la puissance de son esprit, dans la force de son fervent désir.

Une loi de télégonie, mystérieuse mais journellement vérifiée, veut que souvent les caractères des parents, faisant un saut d'une ou de deux générations, se transmettent aux arrière-neveux. C'est ce qui arrivera pour son effort vers la beauté ; si le fils n'est pas beau, le fils du fils le sera. La beauté d'une race est toujours la résultante de cette tenace élaboration esthétique de l'individu, de cette volonté d'amélioration. Et la bouillante imagination de la femme est toujours le coefficient le plus important de cette ascension vers la perfection esthétique ; quand la femme ne possède pas cette puissance d'imagination — c'est-à-dire, l'élan, la ferveur, le désir, l'espérance — la race retombe dans les imperfections d'où elle était partie.

Assoupir l'imagination de la femme est le crime le plus grand que l'on puisse commettre contre la vie ; et voilà pourquoi nous voulons que le sens esthétique de la femme soit toujours plus raffiné. L'art est une grande fonction, parce qu'il donne à la femme les éléments de son imagination esthétique. La femme est précisément douée, beaucoup plus que l'homme, de la faculté imaginative, parce que c'est d'elle que l'espèce attend l'amélioration esthétique ; l'amélioration esthétique, — ne l'oublions jamais — qui est le signe d'une amélioration éthique et physiologique.

« L'imagination — dit Feuchsterleben — a quelque chose de féminin. En général, la vie de la femme est plus longue que celle de l'homme.

C'est à l'imagination qu'il faut attribuer cette force physique vraiment surprenante que l'on a observée chez les femmes délicates et pures. »

L'imagination est la force par laquelle la femme triomphe des maux sans nombre qui l'environnent. Et elle triomphe dans la maternité.

Si les espérances de la mère sont trompées pour le moment, elles triompheront par la suite : cette pensée doit la consoler en même temps que celle que si elle n'avait pas suivi nos conseils, elle aurait peut-être donné la vie à un être plus laid.

Mais elle a un autre motif de consolation et qui est la pensée qu'on peut porter remède aux petites imperfections de l'enfant d'une manière très singulière que nous examinerons tout au long dans le chapitre suivant.

CHAPITRE XI

La caresse qui embellit.

SOMMAIRE :

Une théorie curieuse. — La fonction esthétique de la caresse. — Le corps humain et sa symétrie. — Observation générale d'un écrivain français. — Pourquoi la mère caresse ses enfants. — La caresse n'est pas seulement un besoin de manifester sa propre affection, mais c'est encore une tentative de plastique. — L'art plastique maternel. — Comment l'embrassement corrige les imperfections de nos enfants. — Les bébés sans caresses et leurs différences esthétiques.

« La mère contribuera d'autant plus largement à la perfection physique de son enfant qu'elle sera une mère plus tendre. »

CHARLES WEYHER

Une théorie curieuse.

La nature tend continuellement par tous les moyens à perfectionner l'expression des individus et à atteindre un type de beauté que peut-être l'art a pour but de prévoir dans ses chefs-d'œuvre. Pour atteindre ce but, il perpétue la création et donne aux parents les moyens psychiques pour l'aider dans sa tendance vers la réalisation du beau.

Un très perspicace philosophe espagnol, partisan de la théorie de l'amour sexuel comme d'un enthousiasme pour l'expression a dit : « La procréation de l'enfant est une porte que la nature ouvre pour ne pas s'épuiser, espérant toujours que l'être nouveau en pourra tirer une expression meilleure. » Ces paroles de Diégo Ruiz sont profondes et contiennent une hypothèse que l'observation démontre au moins probable.

Il faut cependant convenir que la nature manque souvent son but, et cela parce que les parents n'ont pas su l'aider dans sa tentative esthétique. C'est alors qu'elle tente encore une fois d'atteindre son but par d'autres moyens. La nature n'abandonne jamais ses parties, même lorsqu'elles peuvent paraître à nos yeux désespérées et désormais perdues; ses tentatives sont toujours multiples et variées, et cela pour qu'au moins une d'elles réussisse ou toutes ensemble, un peu pour que chacune coopère à atteindre son but.

Ainsi, quand il est né un enfant elle ne l'abandonne pas, même si celui-ci ne répond pas dans sa conformation physique à son idéal, mais elle se prévaut de l'instinct de l'affection maternelle pour corriger les petites imperfections du nouveau-né.

De quelle manière peut s'effectuer cette correction des défauts physiques du tendre rejeton ?

Pour atteindre son but, la nature a trouvé un expédient des plus charmants : la caresse maternelle.

Nous nous trouvons ici en face d'un des plus gracieux et des plus curieux phénomènes de l'instinct maternel; le besoin de la caresse qui, en même temps qu'il est un assouvissement de l'amour de la mère pour son enfant, répond à la tendance de la nature, parce qu'il aide celle-ci à atteindre la perfection esthétique.

Beaucoup de lectrices seront agréablement surprises en lisant ces paroles, et certaines d'entre elles les trouveront peut-être un peu optimistes, ou du moins éprouveront le vif besoin d'en avoir une explication plus étendue et plus claire. Leur désir est légitime.

Notre assertion peut paraître paradoxale, car, si tous doivent admettre que la caresse peut exercer sur les enfants une influence morale bienfaisante, il paraîtra hasardé à beaucoup de soutenir que la caresse accomplit une véritable fonction plastique, en influant physiquement sur la correction du jeune corps.

Et cependant, pour nouvelle qu'elle puisse paraître, notre assertion est corroborée par l'expérience et par l'observation. Nous démontrerons qu'elle n'a rien de métaphysique ni de cabalistique, et que la caresse maternelle est considérée non seulement comme une manifestation effective, mais encore, disons-le, comme un instinct mécanique de la mère, appliqué à perfectionner les formes de la petite créature. Quand nous aurons démontré la vérité de cette curieuse hypothèse, nous aurons démontré encore une fois que l'amour est la grande loi de la perfection, non seulement morale, mais esthétique et que l'amour maternel dans l'espèce est un merveilleux et un quasi-miraculeux instrument de plastique.

Cependant avant d'entrer dans le vif de l'argument, il est nécessaire de rapporter une curieuse et géniale observation faite par un Français, Charles Weyher, et publiée dans un fascicule de la *Revue générale des sciences pures et appliquées* (1903). Cette observation, comme nous le verrons, prouve comment notre corps est disposé dans sa conformation de manière à pouvoir être considéré comme une empreinte. Nous rapportons presque intégralement l'observation du distingué écrivain français, en priant nos lecteurs de bien vouloir l'examiner attentivement et en contrôler les affirmations; ceux-ci se convaincront alors que l'homme est un admirable instrument de plastique et que tout son corps semble bâti d'une volonté qui recherche et se tourne sans cesse vers un perfectionnement esthétique.

Ce fruit merveilleux de la séculaire évolution organique qu'est le corps humain, nous paraît répondre toujours plus à un dessein caché de la nature qui veut le triomphe d'un type de beauté parfaite, peut-être parce que c'est dans la beauté parfaite seulement que peut se trouver la perfection morale.

La caresse qui modèle les formes.

Voici maintenant l'observation de Weyher, dont il est facile à chacun de constater l'exactitude.

« Personne n'ignore, écrit Charles Weyher dans la Revue en question, que toutes les fois qu'un membre quelconque de notre corps change de position, certains muscles se contractent, tandis que certains autres se détendent : à chaque position nouvelle correspond une forme extérieure différente.

« Retenez bien ce fait. A présent, croisez les bras sur la poitrine ou passez-les derrière le dos, ou allongez-les le long du corps, debout ou assis, ou bien croisez les jambes, allongées et repliées, ou bien posez une main sur l'autre ou sur la tête ou sur la figure, disposez un doigt le long d'un autre ou saisissez une partie quelconque de votre corps, vous constaterez toujours ce qui suit : quelle que soit la position prise, pourvu qu'elle soit naturelle, toutes les fois que vous aurez mis une saillie quelconque d'un des membres dans un creux de l'autre, toutes les autres saillies se placeront d'elles-mêmes et rempliront exactement tous les creux de l'autre membre; et réciproquement, et ceci sur toute la longueur des membres et sans déformation d'aucune sorte, à moins de défauts graves dans notre structure. »

Weyher croit aussi que ceci serait une bonne méthode pour vérifier la perfection des formes humaines. Le génial observateur continue, en expliquant pourquoi ceci arrive :

« A mesure que vous rapprochez un membre d'un autre, les muscles, par le jeu desquels ce rapprochement s'effectue, changent progressivement de configuration et présentent ceci de merveilleux, que, joints au contact, tous les pleins d'un membre ont pris la forme exactement nécessaire pour remplir les creux de l'autre et réciproquement. L'un des membres est toujours la contre-partie et comme l'empreinte de l'autre sur toute sa longueur. »

Après avoir observé que c'est en ceci que consiste la supériorité de la main sur tous les autres instruments de plastique, Weyher, pour mieux se faire comprendre, ajoute :

« Avec de l'argile, prenez une *moulure* de votre

bras dans la position qu'aurait celui-ci quand, par exemple, vous mettez la main sur le cœur; puis avec cette forme, exécutez, également en argile, une empreinte, c'est-à-dire une reproduction en relief de votre bras dans ladite position; d'un côté, vous avez moulé un relief de votre poitrine, juste au-dessous où aurait dû se trouver le bras dans la position susdite. Si ensuite vous mettez, l'un sur l'autre, et dans la position indiquée ces deux parties de nature *rigide et indéformable,* vous constaterez que celles-ci coïncident parfaitement, qu'elles se touchent sur toute leur longueur sans lacunes ni intervalles.

Weyher étend cette loi même aux bébés et c'est ici que cette observation nous intéresse particulièrement.

« La loi s'étend même au bébé — continue l'auteur français — dont l'empreinte se trouve dans le bras de sa mère et l'on peut dire que si ce dernier a des lignes élégantes, celle-ci contribuera dans une large mesure à la perfection physique de son enfant, et cela d'autant plus qu'elle sera une mère tendre, car elle le retournera sans trêve dans tous les sens pour l'embrasser et le presser dans ses bras, sur son sein, sur ses genoux, en le pétrissant et en le moulant dans la pureté de ses lignes.

« Si, en effet, le bébé présente des protubérances, des fossettes anormales ou des creux exagérés, ces défauts seront constamment excités à disparaître sous la pression des lignes modèles de la mère, dont les chairs offriront une solidité très forte par rapport aux chairs et aux os malléables du bébé. »

Cette observation est très importante pour nous; elle est une preuve à l'appui de ce que nous avons dit : que l'amour, la tendresse d'une mère est un instrument de perfection physique, non seulement avant que l'enfant vienne au monde, mais même après sa naissance.

L'art plastique maternel.

Nous appelons art plastique maternel ces chaleureuses manifestations d'affection que la mère témoigne à son enfant, car elles servent à compléter sa formation esthétique et à remédier aux menus défauts de la naissance.

Les mères aimantes, qui ne se fatiguent jamais d'étreindre et d'embrasser leur enfant que, comme dit Weyher, elles retournent dans tous les sens, qu'elles palpent continuellement dans un désir toujours inassouvi, exécutent inconsciemment de véritables manœuvres plastiques, sous l'action desquelles le petit être perfectionne ses formes en se rapprochant toujours de plus en plus du type idéal de beauté.

Envisagée sous ce jour nouveau, la caresse a une véritable valeur plastique. Aucune action humaine n'est sans motif et sans effet. La caresse est non seulement motivée par l'affection, mais encore par un besoin occulte d'influer avec nos mains sur la formation du beau. La fougue, avec laquelle le sculpteur fait la maquette d'une œuvre d'art en cherchant d'un pouce nerveux la ligne la plus belle, est la même que celle qui fait sursauter le cœur de la mère quand elle serre sa créature sur son sein, et qu'elle la caresse comme si elle voulait en perfectionner les traits. La mère aimante est une grande modeleuse.

C'est ainsi qu'on s'explique comment les êtres, privés d'amour et de caresses, nés déjà à l'encontre du désir maternel, grandissent ensuite dans la tristesse de l'âme et du corps, sans grâce et sans beauté, fruits d'une maternité fatiguée et irritée, privés de ces embrassements qui peut-être auraient communiqué un peu de douceur à leurs traits.

L'amour de la mère pour l'être auquel elle a donné le jour, en même temps qu'il répond à un besoin d'affection, à une finalité esthétique dont nous ne nous rendons pas compte, mais que la femme conçoit toutes les fois qu'elle pense à la beauté de ses enfants.

La bonté et l'amour sont l'origine de la beauté, comme à son tour la beauté engendre la bonté et l'amour; réciprocité merveilleuse de causes et d'effets dans la synthèse desquelles réside le vrai bonheur.

« Prodiguez donc, ô mères qui ambitionnez la beauté dans vos enfants, prodiguez les caresses à ces tendres petits êtres; ne vous montrez pas avares de vos embrassements amoureux, modelez leurs chairs molles dans un désir de belles formes, et les menus défauts du bébé s'évanouiront au contact de vos mains savantes. »

Si les petits enfants les plus beaux sont ceux qui sont le plus caressés, on peut dire aussi que les petits enfants les plus caressés deviennent les plus beaux.

Leurs chairs tendres sont avides de la caresse maternelle et elles se prêtent admirablement à la pression du gentil massage; les formes du bambin sous la pression d'affectueuses étreintes acquièrent la grâce et la beauté. Les mères douées d'une chaude capacité d'affection comprennent d'instinct, sans pouvoir se l'expliquer, ce divin expédient de la caresse qui, dans les premières années de l'enfance, tend continuellement à perfectionner le physique du tout petit. Et ce sont les mères, sans cœur et sans affection, chez lesquelles l'instinct maternel est perverti, qui regardent croître autour d'elles leurs petits enfants laids et difformes. L'abandon de la mère est un crime non seulement contre la morale mais encore contre l'esthétique.

L'allaitement et la beauté.

C'est pour ce motif que nous sommes de chauds partisans de l'allaitement maternel. Un grand comédiographe français a dit que l'allaitement est le patriotisme de la femme. Ceci est une grande vérité mais on pourrait ajouter que l'allaitement maternel est le sacrifice le plus agréable et le plus noble que la femme fasse à l'humanité. Quand les conditions physiologiques ne s'y opposent pas, la femme a le devoir sacro-saint d'allaiter l'être issu d'elle, et cela non seulement parce qu'ainsi elle voit croître sous ses yeux le fruit de ses entrailles, mais encore parce que l'allaitement maternel est un facteur de beauté pour le tout petit être.

Sans doute, l'allaitement est pour la femme une bien grande fatigue ; sa liberté en est entravée, son désir de briller dans le monde ne peut plus trouver sa satisfaction ; mais qu'importe, quand la joie surhumaine de voir croître dans ses bras une créature saine et belle compense tous les ennuis qui peuvent résulter de l'allaitement? La mère, vraiment aimante, recherche cette noble fatigue ; elle sait que c'est dans les bras de la mère seulement que le petit être croît, aimé et caressé, et que l'amour maternel se transforme en beauté.

Mères qui êtes riches et exemptes de toutes sujétions physiques, chez qui aucun empêchement physiologique ne s'oppose à l'allaitement, si vous abandonnez votre enfant à des soins mercenaires, et si celui-ci vous est retourné laid et antipathique, la faute en est vôtre, et vous êtes sans excuse aucune devant le tribunal secret de votre conscience, comme devant le tribunal terrible de la race. La race vous punit dans votre descendance de l'abandon dans lequel vous aurez laissé ces ignares petits êtres !

CHAPITRE XII.

L'art de rêver.

SOMMAIRE :

L'art de rêver est l'art de faire de beaux rêves. — Le rêve les yeux ouverts. — L'imagination et le rêve. — Le rêve est un élixir de jeunesse. — Le rêve et le cauchemar. — L'enfant divin. — L'art d'être enfant. — Le rêve nous redonne des énergies pour la lutte pour la vie. — Le vagabondage de l'esprit, comment on doit se le procurer. — La fonction hygiénique du rêve. — L'heure la plus propice pour le rêve. L'utilité de la cigarette.

« Le rêve ne tue pas l'action, au contraire il la fortifie. »

E. M.

Le rêve à yeux ouverts.

L'art de rêver ? Il y a donc un art de rêver et à quoi peut-il servir ?

Il y a un art de rêver et un art de faire de beaux rêves ; ce dernier ne nous regarde pas.

Les lecteurs ont déjà compris que par « rêve » nous entendons cette direction générale donnée à la pensée qui se constate à l'état éveillé, et que nous considérons comme très utile à la santé de l'âme et du corps. — Or, non seulement nous pouvons mais nous devons rêver. Le rêve, compris comme nous l'entendons, est un admirable conservateur de la jeunesse et de la santé ; il est la sieste intellectuelle de tout homme occupé, un bain de tranquillité et de douceur et un élixir de longue vie. C'est par le rêve que nous retrempons nos énergies laborieuses, que nous les plongeons dans un fluide rénovateur, que nous leur redonnons une vie nouvelle.

Mais, demandera quelque lecteur, comment pouvez-vous parler ainsi, alors que, au commencement de votre livre, vous avez soutenu la nécessité pour notre âme de se réveiller complètement ?

Chercher le rêve n'équivaut-il pas à jeter dans le sommeil une bonne partie de nos énergies que vous avez démontré devoir être prêtes au labeur quotidien ? Vous avez été jusqu'à soutenir que la *rêverie* est un terrain propice aux obsessions et qu'il faut la fuir comme une ennemie ; et voici maintenant que vous venez nous dire que nous devons rêver ?

La contradiction n'est qu'apparente, que grossièrement apparente et pas n'est besoin d'efforts de dialectique pour concilier ces deux pseudo-contraires.

Nous avons soutenu que l'âme moderne *dort* c'est-à-dire, comme dit Feuchsterleben, que des forces inconnues dorment dans la merveilleuse organisation de l'homme et qu'il faut les réveiller, tout en augmentant la lumière de notre conscience ; seulement dormir ne veut pas dire songer.

Le rêve à l'état de veille, comme nous l'entendons, n'est pas le sommeil de ces forces cachées, mais bien leur activité ; seulement cette activité n'est dirigée contre aucun obstacle à abattre, ce pourquoi il serait besoin d'un effort énergique, unique, convergent de ces énergies, mais elle est plutôt un vagabondage de l'esprit qui se repose avec un caractère toujours joyeux, toujours attrayant ; le rêve, ainsi compris, n'a rien de commun avec la *rêverie* mélancolique qui abîme l'âme dans la tristesse, le rêve est un restaurant non un déprimant, c'est, disons-le, une gymnastique douce, où la volonté dans le sens d'effort n'existe pas et où toutes les forces cryptopsychiques se retrouvent, se combinant sans un ordre fixe, se recherchent et se quittent, vont et viennent, se poursuivent et se fuient comme nuages dans le ciel, sans un rythme prémédité ou du moins un rythme dont nous ne pouvons pas avoir de notion.

A l'état de rêve les idées changent continuellement d'aspect, de position, de valeur, de plan ; elles s'associent par un lien arbitraire ou qui du moins nous paraît tel, sans se poser, sans se déterminer en groupes stables, elles vagabondent dans le ciel de notre psyché comme des nuages poussés par un doux zéphir, avec la légèreté de voiles impondérables. Mais ce vagabondage est toujours exhilarant et n'est qu'une succession d'états de joie, dans lesquels la vision du monde devient naturellement optimiste. Le rêve n'est jamais pessimiste ; c'est un vagabondage dans le jardin fleuri de notre pensée et dans lequel nous ne cueillons que des roses. C'est une ivresse légère, non la forte ivresse que nous avons étudiée, mais une douce ébriété de la pensée permettant de parcourir tout l'univers. Le rêve ainsi compris n'est qu'un degré de l'imagination.

Le rêve est un élixir de longue vie.

Hufeland, qui a consacré son œuvre à l'étude de la longévité humaine, a dit qu'un des meilleurs moyens de prolonger la vie c'était de donner à sa propre imagination une direction agréable; c'est-à-dire de se procurer à soi-même un état de rêve. E. Lichtemberg a écrit : « Souvent je me suis abandonné pendant des heures entières à des fantaisies de toutes sortes. Sans ce traitement moral que je suivais ordinairement pendant la saison des bains, je n'aurais pas atteint l'âge que j'ai aujourd'hui. »

« L'imagination a son royaume hors du monde réel », a dit Feuschterleben et nous ajoutons que ceci est le royaume des rêves dans lequel notre âme doit faire une promenade toutes les fois qu'elle se sent opprimée par la réalité. Rêver signifie oublier les mesquins soucis de la vie et les empêcher de miner la santé, la jeunesse, la beauté.

Le rêve est une véritable précaution hygiénique qui nous préserve de bien des maladies et surtout de la maladie la plus terrible qui est le souci. « Le souci, dit Saleeby dans son livre que nous avons plusieurs fois cité, fait non seulement paraître la femme plus vieille qu'elle ne l'est en réalité, mais il l'a fait vraiment vieillir. »

L'art de rêver est utile à la conservation de la jeunesse et de la santé, précisément parce qu'il empêche en nous la formation des idées fixes, des obsessions, en un mot de la préoccupation folle qui, de nos jours, fait tant de victimes. Feuchsterleben, que nous avons cité si souvent, dit : « L'art d'embellir son existence n'est qu'une partie de l'art de la prolonger, et c'est de l'imagination que dépend la beauté de la vie. Si Rachel, cette femme supérieure, la plus remarquable peut-être de notre époque, a pu, jusque dans la vieillesse, se rendre à soi-même ce témoignage qu'elle avait conservé dans son âme tous les mouvements de l'enfance et de la jeunesse, à quoi devait-elle semblable bonheur ? A l'éternelle jeunesse de son imagination.... »

« Pour gouverner le monde, l'esprit a un sceptre léger et puissant avec lequel il chasse les soucis rongeurs, les vaines conceptions de l'orgueil, les tourments des illusions trompeuses. Il porte dans les âmes malades, le calme, la sérénité, baume précieux et salutaire, plus efficace que toutes les consolations de la raison. Quel est celui, qui le pouvant, se refuserait à apprendre à préparer ce baume divin, ou du moins à en faire usage ? » Ce baume divin, c'est le rêve, et nous, reprenant le conseil que donne le simple et grand écrivain allemand, nous disons aux affligés, aux déshérités, aux mélancoliques, aux obsédés, aux attristés : « Rêvez et vous vous sentirez plus calmes, meilleurs, plus *vivants*. Le rêve vous donnera les forces épuisées par la lutte pour la vie.

« Rêvez, mais rêvez des « songes » c'est-à-dire la douceur et la suavité, et non des cauchemars. Le rêve est l'aile qui vous transporte au royaume des cieux, mais le cauchemar est le boulet qui vous précipite au fond de la mer. Et tous ceux qui échangent le rêve contre la triste « rêvasserie » deviennent les victimes d'une vision macabre de la vie. L'imagination est le feu de Vesta, dont la douce flamme, entretenue avec un soin jaloux, apporte la lumière et la vie, mais qui, une fois mise en furie, dévore tout sur son passage ». Par ces paroles, l'écrivain allemand veut dire que l'imagination doit rester dans les régions du rêve, dans cet état de vague incohérence et de ne pas prendre les formes épouvantables de l'Apocalypse; elle doit garder le vol léger des nuées et ne pas voir sur le ciel la tragique fantasmagorie des monstres.

« Puisque l'imagination n'est que le côté rêvant de la faculté de sentir; puisqu'elle est de sa nature féminine, elle doit, si elle veut réussir, ne pas oublier son caractère essentiellement passif. »

L'art du rêve.

En quoi consiste donc l'art de rêver, si le rêve doit être une imagination passive? Quand on dit l'art, on veut signifier quelque chose de consciemment voulu, de provoqué, d'actif. Comment donc peut-il y avoir jamais un art de faire ce qui doit être fait spontanément ?

Nous répondrons à cette objection que si les manifestations du rêve, son ordonnance, son développement sont spontanés, la provocation, la poussée initiale, la première impulsion sont voulus et conscients et que tout l'art du rêve consiste « à se mettre en de bonnes conditions pour rêver ».

Nous ne devons absolument pas intervenir avec notre volonté consciente pour guider le rêve ; nous devons lui laisser son libre développement, mais nous devons et nous pouvons nous placer dans les conditions voulues pour que le rêve se produise. Les préparatifs au rêve ne sont guère compliqués, car il suffit souvent de lâcher la bride à notre pensée qui est songeuse de nature.

L'homme est plus porté à rêver qu'à raisonner, c'est-à-dire qu'il éprouve une douceur plus grande à vagabonder avec la pensée qu'à l'enserrer dans une ceinture de logique ; rêver n'exige aucun effort, tandis qu'au contraire penser en exige, et comme tout effort est douleur, l'homme qui se dérobe à la douleur se trouve plus enclin au rêve qu'au raisonnement logique. Par sa nature même, par le motif même de son existence, le rêve ne peut être qu'un état agréable de l'esprit, car s'il était douloureux, l'homme y renoncerait au profit du raisonnement. Dans l'économie générale de la vie, le rêve est né pour égayer le fardeau de l'homme ; c'est une raréfaction de l'âme qui lui permet de planer dans les régions élevées et de vaguer dans l'infini. Pour nous servir d'une expression grossièrement expressive, on pourrait comparer le raisonnement logique au train pesant qui court sur ses rails rigides avec une direction mathématiquement fixe, et le rêve à l'aérostat léger qui se balance incertain dans les airs, poussé par une volonté qui semble incohérente. Dans le rêve, la pensée se repose elle-même et la loi du repos est commune à la nature tout entière.

Et voilà pourquoi l'art du rêve est à la portée de tous. Il n'est pas d'intelligence si médiocre qui ne puisse devenir experte dans cet art porté par les bambins à une perfection extraordinaire. Et le moment est arrivé maintenant de constater la fonction de l'enfance ou mieux de l'idéalisation puérile dans l'économie de la vie humaine...

Les enfants maîtres du rêve.

Un homme est d'autant plus jeune, plus sain, plus frais, plus optimiste qu'il est plus doué du pouvoir de « redevenir enfant », de retremper dans la virginité de la psyché enfantine ses énergies de pensée épuisées. Un enfant est un réservoir d'énergies et chacun de nous porte en soi un enfant, le divin enfant de Phédon.

L'art de découvrir en nous cet enfant est l'art de rêver, de voir la vie belle et rose, d'oublier les méchancetés des hommes, les soucis de la vie. C'est l'art de devenir poète, de récréer la vie, de boire aux sources pures de l'être, l'éternelle illusion qui nous garde de tout mal.

L'art de rêver est l'art de se faire illusion à soi-même, c'est-à-dire de trouver un motif de bonheur.

Demandons des leçons de rêve à l'enfant, à ce merveilleux artisan de joie, à ce maître d'illusion, à cet inimitable créateur de poésie.

Approchons-nous de ce roi de la fantaisie qui peut dans une coquille de noix enfermer l'univers, qui voit un océan dans une goutte d'eau, et qui peut naviguer vers des terres mystérieuses sur un pétale de rose. Demandons-lui le secret de son pouvoir thaumaturgique et comment il peut refléter dans ses yeux la sérénité infinie des anges. Le petit alchimiste fait de l'or avec une feuille desséchée et de tout caillou un diamant : et cependant ce n'est pas un fou. Son âme est ouverte à tous les raisonnements de la vie ; il comprendrait tout mais ne veut pas tout comprendre.

Dans sa virginité, il a compris que de la vie il faut garder ce qu'il y a de beau et fermer les yeux devant ce qu'il y a de laid. Il est un vrai sage et est heureux.

Laissons parler en nous de temps en temps le « petit enfant », il nous ouvrira les ailes au rêve et nous poussera dans les domaines des douceurs.

Renan, avec son inimitable simplicité géniale, dit : « L'enfant répand sur toutes les choses le merveilleux qu'il trouve dans son âme Sa curiosité, le vif intérêt qu'il prend à toute combinaison nouvelle proviennent de sa croyance au merveilleux... Cette gracieuse petite ivresse de la vie qu'il porte en soi lui donne le vertige ; il ne voit le monde qu'à travers une buée délicatement colorée ; jetant sur toutes choses un regard curieux et joyeux, il sourit à tout et tout lui sourit... Ce ne sont pas les choses qu'il raconte, mais les imaginations qu'il s'est faites des choses : ou plutôt il se raconte à lui-même. L'enfant se crée à son tour tous les mythes que l'humanité s'est créés ; toute fable qui frappe son imagination est acceptée par lui ; il s'en improvise a lui-même d'étranges et puis se les affirme. Or, cet enfant ne meurt pas en nous : il vit dans l'état adulte, mais il est souvent cruellement étouffé par les soucis de l'existence et par notre propre amour-propre qui nous fait paraître ridicule sa manifestation. Par une espèce de *snobisme*, l'homme a honte de paraître enfant. Il veut paraître sérieux, positif, sceptique, penseur profond. Mais ses meilleurs instants, ceux dans lesquels il éprouve la joie divine de vivre, ceux dans lesquels il est vraiment heureux, c'est quand l'enfant, ayant trouvé un soupirail, s'échappe en liberté vers les régions du rêve...

Le vagabondage quotidien.

Ce vagabondage quotidien n'est pas une faiblesse et sa confession ne doit pas nous faire rougir. Le rêve est une hygiène de l'âme par laquelle nous renouvelons nos énergies pour la lutte de la vie. Il n'est pas une bagatelle, mais bien un moyen puissant pour surmonter les obstacles de l'existence, et il faut rêver, rêver à tout prix, car le rêve est l'aliment substantiel de l'âme et sans lui la vieillesse physique et morale envahirait le monde.

Tout le monde peut et doit rêver. Il n'est pas d'existence si misérable à laquelle soit défendu ce bain réconfortant dans les eaux de la fantaisie ; le rêve peut être plus ou moins « artistique », mais il est donné à quiconque de l'obtenir. Qu'il soit même puéril, incohérent, absurde ; pourvu qu'il plane dans l'atmosphère de la joie, qu'il ne dégénère pas en une « rêverie » mélancolique qui est voisine du cauchemar de l'obsession. A de certaines heures propices de la journée, aux moments de la sieste, en suivant les volutes fantastiques de la cigarette, non seulement il est beau, mais il est hygiénique que l'esprit « se délie, se débande, se détende » que les idées se désassocient et s'en aillent chacune pour leur propre compte, en se rencontrant au hasard, comme les fragments de verre dans un kaléidoscope, en se recombinant sans cesse dans des vues nouvelles, des couleurs nouvelles, des fantaisies prodigieuses nouvelles. Il faut que tout le monde ait sur les vingt-quatre heures au moins, une heure de ce vagabondage dans le royaume des chimères ; et à ceux qui souriront de dédain à votre retour quotidien vers l'enfance, vous répondrez avec un sourire toujours plus frais, avec une santé constante. Ne comprend pas le sérieux élevé de la vie celui qui fuit le divin enfantillage du rêve.

Le rêve ne tue pas l'action.

Quelqu'un a voulu soutenir que le rêve conduisait l'homme à une inertie inactive et que l'action est incompatible avec ce vagabondage oisif de l'esprit.

L'homme d'action, dit-on, ne doit pas et ne peut pas rêver. C'est une grossière erreur. Tous les hommes qui ont réussi dans la vie ont été de grands rêveurs. Tous, à de certaines heures de la journée, ont affranchi leur esprit pour le laisser s'envoler vers les plages du rêve; tous les grands hommes d'action ont cherché, mus par un instinct de conservation, à retremper leurs énergies dans le doux vagabondage quotidien ; ces bains de fantaisies ailées par les royaumes fleuris de l'absurde ont contribué à rendre plus actifs et plus victorieux dans la lutte pour la vie les hommes d'action.

Napoléon était un « rêveur » dans le sens que nous avons donné à ce mot. Chaque jour, il s'accordait un quart d'heure de vagabondage psychique. Une toile célèbre intitulée : *Pensée*, représente Napoléon allongé dans un fauteuil près du foyer; mais le titre de ce tableau est erroné. Napoléon, en ces moments de sieste, ne pensait pas; il permettait à son esprit, affranchi momentanément de la contrainte de la logique sévère, de faire une envolée vers on ne sait quelles fantastiques chimères. De ces rêves à yeux ouverts, Napoléon sortait plus tenace et plus frais, plus aguerri que jamais pour affronter l'univers, pour ajouter à sa couronne le fleuron d'une nouvelle victoire. L'homme d'action au contraire éprouve un besoin immense de rêver et c'est une conception erronée que de se figurer les grands vainqueurs de la vie comme étrangers à tout vagabondage chimérique de l'esprit.

Le rêve n'est nuisible que quand il se perpétue, c'est-à-dire quand l'homme s'y abandonne pendant toute la vie ; mais alors il en fait un abus, et l'abus d'un remède, même du plus sûr, est toujours mortel. Le rêve bienfaisant doit être intermittent comme le repos, il ne faut pas qu'il tombe dans la *rêvasserie* chronique dans laquelle périssent tous les incapables de vivre.

CHAPITRE XIII

La génialité qui dort en nous.

SOMMAIRE :

Qu'est-ce que le génie ? — Les énergies ignorées et la génialité. — Comment se révèlent en nous les énergies géniales. — Génie et santé. — La génialité qui guérit. — La gymnastique psychique pour le réveil qui dort dans chacun de nous. — Quand le génie est une monstruosité.

« Nous avons dans notre âme des trésors d'imagination et de sentiments; ne les y laissons pas ensevelis et stériles. »

FEUCHSTERLEBEN.

« Toute supériorité est le fruit d'un effort personnel, persévérant et progressif; la vertu comme le génie n'est qu'une patience. »

LÉON SORG.

Le génie est une longue patience.

Qu'est-ce que le génie ? Cette question a toujours fatigué l'esprit des penseurs, sans qu'une théorie satisfaisante y ait répondu. Bien loin de nous l'idée d'annoncer une théorie nouvelle sur la nature de la génialité, pas plus que de soulever des objections aux théories plus ou moins en vogue aujourd'hui.

Si nous devions émettre une opinion à cet égard, nous dirions volontiers que toute hypothèse est bonne quand elle donne des fruits réels et que soutenir, par exemple, la dégénération du génie, n'a donné jusqu'à présent que des résultats tout à fait négatifs. Tout au plus a-t-elle mis en velléité certains surhommes de se déclarer des génies, seulement parce qu'ils sentaient en eux-mêmes quelque symptôme de dégénérescence. Mais comme nous n'écrivons pas un livre de polémique, nous nous bornons à dire qu'en bons pragmatistes sympathisants nous croyons *plus vraie* cette théorie qui nous permettra d'en tirer des résultats plus évidents.

Or, notre pensée sur le génie est beaucoup plus clairement exprimée dans cette phrase de Hippel :
« Ce que l'on regarde généralement comme le génie n'est qu'une occupation constante de soi-même. »

Cette phrase, développée sur le thème qui forme la base de notre travail, signifie ce qui suit :

Nous possédons dans les couches profondes de la conscience, dans le *Moi* subliminal, pour nous servir de l'expression de Myers, des énergies qui normalement gisent inactives et ne se révèlent seulement que dans de certaines conditions, *transe*, hypnose, rêve, etc. ou sous l'empire d'une forte excitation.

Ces énergies, que nous avons appelées cryptopsychiques, opèrent en nous, plus ou moins, selon que notre ton vital est plus ou moins élevé; en d'autres termes, ces énergies, dans les états normaux, se tiennent cachées et comme dormantes. Mais, si nous sommes en proie à quelque forte émotion, si nous nous trouvons en présence de quelque danger, si, pour une cause quelconque, notre système nerveux se trouve excité, voilà que les énergies, en tout ou en partie, se réveillent en se manifestant de différentes manières, dont la principale est la défense de l'individu ou, mieux encore peut-être, la défense de l'espèce.

Or, la phrase de Hippel, d'après laquelle le génie n'est qu'une occupation constante de soi-même, signifie que le génie est le résultat d'une plus vaste intervention des forces cryptopsychiques, résultat obtenu par l'intensification de la conscience de nous-mêmes. Le génie prend conscience de soi-même, c'est-à-dire que les énergies cachées se réveillent et agissent.

Cette hypothèse est acceptée par nous avec enthousiasme parce que nous en voyons les résultats pratiques considérables. En effet, dire que le génie dort en nous tous est une parole très hardie, mais elle renferme en soi un avantage qui n'est pas perdu. La foi et la confiance intense dans nos énergies forment ensemble un motif d'action que personne ne peut nier. En étudiant la psychologie du génie, même par la méthode de Lombroso, nous ne tarderons pas à constater qu'un de ses caractères très saillants est l'énorme confiance en soi, ce qui a été baptisé avec vérité du nom de : *hypertrophie du Moi*. Or, cette énorme confiance est tout à la fois la cause et l'effet de la génialité ; la cause, parce qu'elle est un propulseur incitant énorme d'activité et un réveilleur des énergies cryptopsychiques ; l'effet, parce que l'individu, tout fier d'être le champ dans lequel opèrent ces énergies, est porté à croire son Moi très puissant. C'est pour ce motif que tous les génies ont été des égocentriques.

Mais il ne faut pas confondre cet « égocentrisme » avec l'immoralité ; le vrai génie est toujours doué de bonté, même quand pour l'extrinséquer il se drape dans son auguste personnalité si souvent égoïste en apparence.

Non seulement, je trouve paradoxal de prêter un

caractère vil à un homme de génie, mais je soutiens que le génie le plus élevé n'est autre chose que la noblesse morale la plus élevée.

Celui qui s'exprime par ces paroles fut lui-même un grand génie qui toutefois a paru égoïste et immoral : Edgar Poe. Le poète du *Corbeau* également, si subtil et si pervers dans les manifestations apparentes de son art, avait la conception bien enracinée en lui que la plus grande bonté est la compagne indissoluble du génie le plus grand. Et ce fut encore lui qui a écrit : « Un argument solide en faveur du christianisme est celui-ci : les manquements envers la charité sont les seuls pour lesquels un homme, à son lit de mort, peut être amené à se sentir coupable. »

Et ce fut encore lui, grand génie, qui a émis sur le génie les appréciations les plus logiques lorsqu'il écrivit : « Les hommes de génie sont beaucoup plus nombreux qu'on ne le pense généralement. En effet, pour apprécier complètement une œuvre de génie, il faut posséder toute la supériorité qui a servi à la produire. Et puis, celui qui l'apprécie peut aussi ne pas être capable de la reproduire, d'en créer une semblable et ceci simplement parce qu'il manque de ce qui peut s'appeler l'habileté constructive, aptitude tout à fait différente de ce que nous entendons communément par « génie ». Cette habileté particulière dépend beaucoup de la faculté d'analyse par laquelle l'artiste acquiert une vue d'ensemble des moyens à employer pour atteindre le but qu'il se propose. Mais cette habileté dépend aussi en grande partie de certaines vertus strictement morales, telles que la patience, l'attention soutenue, la faculté de concentrer l'esprit, l'empire sur soi-même, ou plus spécialement encore l'énergie et le travail. Ces deux dernières conditions sont si indispensables, si vitales, que l'on peut justement douter qu'aucune œuvre de génie ait été accomplie sans elles. »

Les hommes de génie abondent, ajoute Poe. Mais ce qui n'abonde pas, c'est cette énergie de travail, cette « longue patience » sans laquelle le génie ne peut s'extrinséquer. Ce qui n'abonde pas c'est, en d'autres termes, la faculté de réveiller les énergies dormantes et de les faire coopérer harmonieusement au travail. La « longue patience » est nécessaire souvent pour s'occuper avec une promptitude de tous les jours de ce réveil. L'irritabilité, la méchanceté d'âme, l'envie rongeuse, l'ambition vaniteuse de dépasser son prochain, l'inquiétude, les soucis, voilà autant d'ennemis qui s'opposent à cette « longue patience » à laquelle le calme est nécessaire.

On n'a jamais assez mis en lumière l'énorme coefficient de la paix intérieure dans la production géniale ; Gœthe doit en partie sa grandeur à l'*olympisme*, c'est-à-dire à la contemplation tranquille et optimiste de la vie. L'hypothèse du « génie qui dort en nous » ne peut guère trouver d'objection sérieuse chez ceux-là qui disent en souriant : Si dans chacun de nous dort un Dante, un Shakespeare ou simplement un Victor Hugo, l'humanité doit se réjouir, car chacun de nous peut lui faire cadeau de quelque chef-d'œuvre avec la même facilité que chacun de nous peut boire un verre d'eau.

Sans doute, boire un verre d'eau et même deux est une opération bien plus facile que de faire un ou même un demi-chef-d'œuvre ; mais, d'un autre côté, il serait bien plus simple de faire un chef-d'œuvre que de boire un verre d'eau quand on n'aurait pas trouvé de source d'eau pour l'y puiser. Or, c'est précisément une chose semblable qui arrive en fait de manifestations géniales.

L'homme de génie *sait* faire agir ses énergies latentes, tandis que l'homme normal ne le *sait* pas. L'homme de génie est l'homme qui a eu ou qui a su créer les contingences favorables à la manifestation de son génie; l'homme normal, non.

Ces contingences sont très diverses; tantôt le génie se révèle poussé par la nécessité de la vie, par la misère, par l'obligation morale de soutenir une famille ; tantôt par l'amour, par le désir de faire la conquête de quelque femme, tantôt par la colère et par la haine, par le besoin de la vengeance, tantôt par la grande ambition, etc, etc. L'homme normal au contraire n'a pas eu de ces contingences; ses énergies endormies, qu'aucune nécessité n'a réveillées, ont continué de dormir et continueront de dormir probablement jusqu'à la mort. L'homme de génie est un parfait exploiteur de ses propres forces ; c'est un entrepreneur actif de soi-même.

Nous prévoyons une autre objection. Quelqu'un peut nous dire : « Tout votre travail tend à démontrer que le réveil des énergies cryptopsychiques élève le ton vital, et que le ton vital élevé entretient la santé, la bonté, la beauté qui prolongent la vie ; et maintenant vous dites que cette élévation de ton vital produit aussi la génialité ; le plus pauvre logicien en déduit donc que la génialité est bonté, jeunesse, santé, longévité. »

Nous tenons cette déduction pour parfaitement logique et nous trouvons la preuve de sa validité dans le fait que la génialité est en raison directe du bien-être physique et que la culture, l'occupation intellectuelle sont des moyens pour prolonger la vie. Les recherches de Brigham prouvent que les savants atteignent généralement un âge avancé. Zénophile est arrivé à l'âge de 104 ans ; Démocrite à 109, Hippocrate à 103, Zénon à 100 ; dans des temps plus modernes, Newton, Euler, Fontenelle, Voltaire, Milton, Michel-Ange, Pétrarque moururent à 90 ans ; le grand chimiste français, Chevreul, à 102 ans, et Verdi à 90, etc.

Mais ce chapitre n'a pas pour but de citer des faits qui prouvent l'influence de la génialité dans l'entretien du bien-être corporel, mais de voir si, moyennant une gymnastique psychique adéquate, nous pourrions activer en nous les facultés géniales. Une réponse affirmative s'impose après tout ce que nous avons dit.

Le réveil de la génialité.

Nous sommes certains qu'il est en notre pouvoir de réveiller le génie qui dort en nous. La gymnastique psychique qu'il faut suivre est ici aussi basée sur une confiance énorme en nous-mêmes et dans la conviction qu'il suffit de désirer ardemment pour obtenir la réalisation du désir. Le génie ne nous vient pas de quelque chose qui est en dehors de nous ; mais bien de quelque chose qui se tient généralement en dedans de nous. Le génie est donc en notre possession ; mais la première condition pour en jouir est de se convaincre que nous possédons vraiment ce trésor. Sans cette conviction, il serait stupide de vouloir chercher au dedans de nous-mêmes une chose à laquelle nous ne croyons pas.

Sous ce rapport, le doute est beaucoup plus répandu qu'on ne le croit généralement. On dit communément de celui qui fait montre de s'adonner à des travaux intellectuels : il se croit un génie. Tous, de nos jours, se croient des génies.

Ceci est une opinion erronée. Ils sont rares, au contraire, ceux qui ont en eux-mêmes une confiance fermement enracinée et qui osent se dire à eux-mêmes : je suis un génie. Le scepticisme sur nos facultés intellectuelles est même une des maladies les plus graves de notre époque.

Nous sommes enclins non seulement à douter des

autres, mais même et particulièrement de nous-mêmes. Nous nous croyons presque toujours incapables de faire un travail intellectuel donné et c'est cette méfiance qui nous aide à étouffer nos manifestations géniales. La méfiance ensuite exerce non seulement une action directe sur les énergies cachées en les empêchant de se manifester, mais elle contribue indirectement à nous rendre mélancoliques et malades, et le ton vital se trouve toujours plus abaissé jusqu'à ce que, de dégradation en dégradation, nous nous sentions envahis par une impuissance générale de la pensée. C'est là le cas douloureux de milliers et de milliers de personnes qui, ayant eu aussi une certaine force d'ambition, ont tout à coup douté d'elles-mêmes en se faisant les victimes d'une méfiance qui les a conduites de jour en jour jusqu'à une véritable obsession d'impuissance. A peine ces ex-hommes de génie ont-ils entrevu la splendeur de la lumière qui s'allumait en eux, que, rongés par le ver terrible du scepticisme, ils se sont crus les jouets d'une illusion ; les premières difficultés du travail les ont épouvantés et ils se sont retirés de la lutte sans avoir fait une tentative de lutte.

La première opération de la gymnastique psychique pour réveiller en nous les activités géniales, est donc de nous créer une confiance immense dans nos énergies intellectuelles. Mais sur quelle base devons-nous asseoir cette confiance ? Sur une constatation dont personne ne peut douter, c'est qu'il existe en nous des énergies cachées. Etant donnée l'existence de ces énergies, la confiance dans notre richesse intellectuelle est facile. La confiance en notre génialité est néanmoins inutile si nous n'acquérons pas les instruments pour la mettre en œuvre : ces instruments nous sont donnés par la culture. La génialité brute a besoin d'un instrument qui la rende visible; la culture nous offre cette possibilité.

L'étude est donc nécessaire aussi au génie. Quelqu'un a dit que le « génie est une longue expression de patience ». Cette opinion est très juste dans ce sens, que pour réveiller en nous les énergies cachées dont nous disposons tous, il faut un travail continu, une application patiente, quotidienne, ordonnée. Les énergies dormantes ne se réveillent pas au vacarme subit d'une grosse caisse dont on bat, mais plutôt au son d'une musique douce, soutenue, insinuante, du désir patient; elles se réveillent graduellement, une à une et c'est graduellement qu'elles sortent à la surface de notre *Moi* en apportant chacune son trésor de pensées, d'images, de sentiments, de figures.

Les poètes recueillent les musiques des visions fantastiques, les romanciers et les dramaturges se voient entourés de personnes vivantes qui racontent leurs histoires merveilleuses; les inventeurs voient le mouvement des machines nouvelles, les hommes de science voient le rapprochement subit de faits éloignés; c'est le génie qui se manifeste; et quand toutes les énergies sont réunies à la surface et qu'elles opèrent ensemble, nous avons alors la grande *transe* de l'inspiration divine; alors l'homme est comme envahi par un Dieu et perd pour ainsi dire conscience de soi; il est dans l'état de l'extase géniale et il a une vision clairvoyante de tout l'univers. Le ton de sa vitalité est à son point le plus élevé, là où toutes ses énergies sont en jeu et l'homme s'est vraiment surpassé.

Comment on devient inventeur.

Cette théorique est précisément confirmée par un grand philosophe mathématicien, l'illustre Poincaré, qui a étudié attentivement *l'invention mathématique*. Il est utile de rapporter quelque bribe de cette étude récemment parue dans les Revues françaises. Poincaré, analysant la marche de l'invention mathématique, dit : « Ce qui vous frappe de suite, ce sont les apparences d'une illumination subite, signes manifestes d'un long travail inconscient antérieur; l'achèvement de ce travail inconscient dans l'invention mathématique nous semble incontestable.

Souvent, lorsqu'on travaille à la solution d'une question difficile, on n'arrive à rien de bon la première fois que l'on se met à l'œuvre à son achèvement; ensuite on prend un temps de repos plus ou moins long et on se remet à la besogne. Pendant la première demi-heure, on continue à ne rien trouver, puis, tout d'un coup l'idée décisive se présente à l'esprit. On pourrait dire que le travail inconscient a été plus productif parce qu'il a été interrompu, et que le repos a rendu à l'esprit sa force et sa fraîcheur. Mais il est alors probable que ce repos aura été rempli par un travail inconscient... Il faut noter une chose à propos de ce travail inconscient ; c'est qu'il n'est pas possible et qu'en tout cas il n'est pas fécond, si d'une part il n'est précédé, et si d'autre part il n'est suivi d'une période de travail conscient. *Ces inspirations subites ne se produisent qu'au bout de quelques jours d'efforts volontaires qui ont paru* absolument stériles et pendant lesquels on a cru ne rien faire de bon et où l'on semble avoir fait totalement fausse route. Ces efforts n'ont donc pas été aussi stériles que l'on pense ; ils ont mis l'inconsciente machine en mouvement et sans eux elle n'aurait pas bougé et n'aurait rien produit. La nécessité de la seconde période du travail, considéré après l'inspiration, se comprend encore mieux : Il faut mettre en œuvre les résultats de cette inspiration, en déduire les conséquences immédiates, etc. »

Ceci est le fait de l'inspiration géniale que Poincaré limite à l'invention mathématique, mais qui peut s'étendre à toute manifestation psychique. Les réflexions que le grand auteur fait dans la suite concordent parfaitement avec toute notre théorie des énergies cryptopsychiques.

Le *Moi* inconscient, ou comme l'on dit, le *Moi* subliminal accomplit dans l'invention une fonction capitale.

Mais on considère généralement le *Moi* subliminal comme étant purement automatique, au lieu que le *Moi* subliminal n'est pas du tout inférieur au *Moi* conscient; celui-ci n'est pas purement automatique, il est capable de discernement, il a du tact, de la délicatesse, il sait choisir et deviner. Que dis-je ? Il sait deviner mieux que le *Moi* conscient, car il réussit là où souvent celui-là échoue. En un mot, le *Moi* subliminal n'est-il pas supérieur au *Moi* conscient ?

En somme, la génialité serait une manifestation du *Moi* inconscient mise en action par le *Moi* conscient et exploitée par le *Moi* conscient.

La génialité est une richesse énorme que chacun de nous possède dans le fin fond (ou tréfond) de son véritable être, mais dont peu s'entendent à tirer parti.

Mais il n'est pas donné à tous d'arriver à cette élévation où seuls les aigles peuvent vivre. Et voilà pourquoi les génies sont rares. Mais entre ce point d'élévation et le point d'apathie, il y a une infinité de points intermédiaires auxquels peut parvenir l'homme de foi et de bonne volonté.

Le réveil des énergies cryptopsychiques engendre, comme nous l'avons vu, la bonté, la santé, la joie, la beauté; mais quand ces énergies sont exclusivement utilisées dans le travail génial, c'est-à-dire, lorsqu'elles sont portées à leur plus haut degré de tension, comme à un point situé en dehors de l'orbite humaine, nous constatons alors un phénomène étrange; l'individu chez qui a lieu cette hypertension des énergies dans un but purement intellectuel est victime alors de toutes ces anomalies que les lombrosiens appellent caractères dégénératifs.

L'homme qui réveille ses énergies cryptopsychiques, s'il veut que celles-ci, non seulement se convertissent en idéal, mais encore en bonté, en santé, en joie, ne doit pas les diriger dans l'unique chemin de la génialité, en d'autres termes, l'homme qui est vraiment homme doit sacrifier une partie de ses bénéfices intellectuels en les appliquant au sentiment. Un homme fait uniquement d'intelligence est une monstruosité. Et peut-être que dans ce sens les théories, qui reconnaissent dans le génie une dégénération, ont raison.

A ce propos il est encore utile de citer Edgar Poe qui dans ses « Marginales » a compris ce qu'une école moderne a érigé en système.

« Le génie le plus élevé, le génie que tous les hommes reconnaissent de prime abord comme tel, celui qui agit tant sur les individus que sur les masses, par une espèce de magnétisme incompréhensible tout en étant irrésistible, le génie qui se manifeste dans les gestes les plus simples et même en l'absence de tout geste, ce génie qui parle sans voix et qui éclate sous les paupières abaissées, n'est que le résultat d'une vaste puissance mentale, dans un état de *proportion absolue* sans la prédominance illégitime d'aucune faculté. Le génie factice, au contraire, celui qui n'est que la manifestation d'une prédominance anormale de quelque faculté sur toutes les autres, est le résultat d'une maladie mentale, d'un vice organique de l'esprit et pas autre chose. Un semblable génie fera naufrage non seulement s'il s'éloigne de la pensée où le guide une faculté prédominante ; mais même quand il suit ce sentier, lors même qu'il produit ces œuvres pour lesquelles il est évidemment le mieux prédestiné, il ne manquera pas de fournir des preuves indéniables de son état morbide par rapport à l'intelligence générale. »

Le génie est proche parent de la folie, précisément quand il n'est pas la synthèse de toutes les facultés de l'individu sans exception ; c'est-à-dire quand il ne faudrait pas le considérer comme un vrai génie.

Un génie est immoral quand sa génialité n'est pas complète : en d'autres termes, ceci confirme encore une fois que l'homme idéal est possible seulement par l'harmonie complète de nos facultés et que cette harmonie a sa manifestation la plus évidente par la bonté.

En allant vers la bonté l'homme retrouve souvent le génie, tandis qu'en allant vers le mal et vers le vice il ne trouvera sur son chemin qu'une intelligence perverse, obsédée, douloureuse et malfaisante. Le vrai génie doit s'identifier avec la bonté, car sans elle ses œuvres ne pourraient servir aux hommes pour leur amélioration.

CHAPITRE XIV

Comment s'acquiert l'énergie.

SOMMAIRE :

La lutte pour la vie et la dépense d'énergie. — Le *sport* est-il utile à la formation d'hommes énergiques. — Les préjugés sur les *sports*. — Les *records*. — La science de l'énergie. — L'exploitation de nous-mêmes. — Les erreurs de l'éducation moderne. — La présomption est-elle un défaut ? La confiance en nous-mêmes. — Préjugés contre l'homme énergique. — Comment est l'homme vraiment énergique. — L'énergie théâtrale (de commande). — La diplomatie envers nous-mêmes. — Le secret de l'énergie retrouvée.

« *Si dans une ascension alpine, un homme est forcé de faire un saut dangereux, qu'il le fasse avec ardeur et avec confiance, et il l'exécutera avec succès ; mais s'il a un doute intérieur de ses forces, il est perdu, il sautera avec effarement et se cassera le cou. — Croyez et vous serez dans le vrai ; doutez et vous serez encore dans le vrai, car vous périrez ; la seule différence consiste en ceci, c'est qu'il vous sera bien plus utile de croire. Le succès dépend de l'énergie de l'acte, de l'énergie de la croyance que l'on réussira, et celle-ci de la croyance que l'on est dans le vrai, et qui ainsi se vérifie d'elle-même.*

WILLIAM JAMES.

La lutte pour la vie et la dépense d'énergie.

Il est un fait indiscutable qu'aujourd'hui la lutte pour la vie est beaucoup plus difficile et plus compliquée qu'autrefois. La dépense d'énergie est aussi beaucoup plus grande. Et c'est précisément là une des causes de la neurasthénie moderne. Il faut toutefois observer de suite que nos malaises moraux ne sont pas seulement produits par une dépense d'énergie plus grande, mais aussi et d'une manière toute particulière par le désordre avec lequel est répartie et dépensée cette énergie. Le seul fait de devoir employer un degré d'énergie plus élevé ne suffirait pas à expliquer la diffusion de nos malaises nerveux. Au contraire, pour être précis, il faut dire que l'homme est une machine capable de développer une force beaucoup plus grande que celle qu'elle développe normalement. Comme nous l'avons expliqué dans les chapitres précédents, il y a, endormis en nous, d'immenses trésors d'énergie qui ne sont exploités que trop exceptionnellement ; nous sommes de prodigieux réservoirs d'énergies inactives, ensevelies sous l'épaisseur serrée de notre inexpérience et de notre sommeil séculaire. Or, il arrive que le peu d'énergies dont nous savons disposer sont de plus employées d'une manière désordonnée, sans une règle juste et saine de répartition, sans sage économie aucune. Et cependant, la lutte nous diminue beaucoup plus qu'elle ne le devrait faire, si nous possédions la science de nous exploiter nous-mêmes ; la lutte pour la vie nous énerve et fait de nous le réceptacle facile des maladies. La complication de la vie est ou nous semble être très grande et elle prend toujours plus à nos yeux l'apparence d'un labyrinthe où nous perdons notre bon sens, « ou peut-être mieux : où notre bon sens se perd ». Nous crions nos maux à tous les vents, « sur tous les toits », nous nous lamentons sur tous les tons sur notre faiblesse ; étendus sur le grabat de notre scepticisme, nous nous sentons affligés d'ataxie et nos jours s'écoulent monotones et douloureux. Nos désirs n'ont plus la force de nous inciter à l'action et la terrible maladie de l'Hamletisme nous envahit en faisant de nous les victimes de quelque puissance maligne.

Mais tout ceci n'est qu'une triste fantaisie, c'est un cauchemar douloureux dont nous devons et dont nous pouvons nous réveiller. Nous sommes des paralytiques imaginaires à qui un souffle peut rendre la vie ; ce souffle est en nous-mêmes, dans notre volonté, dans notre désir de guérir. Le paralytique n'a qu'à prononcer la parole de la foi et de la volonté et il se trouvera debout, prêt à marcher et à lutter. Mais ceci ne pourra arriver que si l'homme se met sérieusement à étudier la science de susciter et de discipliner l'énergie morale.

La science de l'énergie.

Et c'est une science trop négligée que celle qui serait la grande guérisseuse de nos maux.

Cette science devrait figurer sur les programmes d'éducation et être enseignée quotidiennement aux jeunes gens avant qu'ils soient lancés dans la mêlée de la vie.

Enseigner aux hommes la science de l'énergie et les doter de l'instrument le plus puissant de conquête, c'est leur épargner les anéantissantes humiliations de la défaite, c'est les prémunir contre tout désastre financier et physiologique, c'est, en un mot, les armer pour la victoire.

Malheureusement, il y a au sujet des énergies bien des préjugés et bien des erreurs.

Un de ces préjugés est précisément celui du *sport*. On croit ingénument que le *sport* doive être la base de l'éducation moderne. Cette grave erreur provient d'une conception absolument fausse de l'énergie. On considère celle-ci comme l'équivalent de l'effort violent et prolongé : et cependant, en parlant d'énergie, il nous vient à l'esprit l'image d'un homme possédant des biceps puissants et capable de terrasser un adversaire d'un coup de poing. Tandis qu'il est facile de découvrir souvent, sous l'épaisseur hypertrophique des muscles, une faible énergie morale, cette énergie qui, en somme, est utile à la lutte moderne.

Il ne faut pas que cette furieuse renaissance des *sports* nous trompe ; elle ne signifie nullement que les hommes soient devenus plus énergiques et plus aptes à vaincre dans la lutte pour la vie. Plaise ou déplaise à ceux qui ne vivent que du sport et pour le sport, mais il est indéniable que ces exercices violents tendent à ramener l'homme à la barbarie et qu'ils constituent une sorte d'anachronisme évident. En effet, tandis que d'un côté le développement des arts mécaniques tend à supprimer chez les hommes l'effort violent et brutal, d'un autre côté, les hommes s'appliquent à y persister sans utilité aucune, pour leur seul amusement, ou pour l'illusion de l'amusement. Le sport est un surmenage physique inutile ; il va sans dire que je parle de ce *sport* excessif et exclusif qui tend à se généraliser toujours davantage et je ne fais nullement allusion au *sport* modéré, à la simple gymnastique, contenue dans les limites d'une bonne hygiène.

C'est une grave erreur, — je le répète — de croire que l'énergie morale est éduquée et intensifiée par ces exercices violents ; elle en est plutôt étouffée, ou, du moins, elle est dirigée exclusivement à produire des *records*. Sans doute, les *records* sont attrayants, il y en a même qui tiennent du prodige ; nous sommes émerveillés de ce que des hommes modernes soient capables de si grands efforts et nous applaudissons avec frénésie, et nous accordons aux champions les plus grands honneurs en les acclamant comme des demi-dieux.

Mais celui qui a l'habitude de réfléchir un peu moins superficiellement doit convenir que le *record* est un produit monstrueux obtenu par des moyens artificiels, par une spécialisation exclusive et qui est sa propre fin. Car un *record* n'a d'autre but que celui d'être un *record* : c'est-à-dire une monstruosité physique qui périt avec l'individu qui l'a produite et qui n'est destinée à être d'aucune utilité à la race, ni à rendre aucun service à l'humanité, en dehors de cette portion de l'humanité qui se divertit à son spectacle et aux intéressés qui l'exploitent comme on exploite une industrie quelconque.

Si j'insiste sur cette illusion fatale du sport, c'est parce que c'est d'elle qu'est née toute une éducation faussée et une série d'erreurs très nuisibles aux hommes qui ont besoin d'énergie. Avec ceci je suis bien éloigné d'englober dans l'accusation contre le *sport* excessif, l'éducation physique de la jeunesse, j'en suis au contraire le plus ferme soutien, toujours à la condition bien entendue, je le répète, qu'elle n'ait pas elle-même pour but et qu'elle soit contenue dans les limites d'une hygiène bienfaisante. Mais je soutiens que l'éducation physique doit marcher de pair avec la véritable éducation de l'énergie ; et celle-ci s'enseigne en dehors des pistes des vélodromes.

La conquête de l'énergie.

Comment l'homme peut-il acquérir l'énergie ? Voilà ce que je vais tâcher d'expliquer dans ce chapitre, en mettant à contribution ce que j'ai déjà dit dans d'autres parties du livre.

Le système — si toutefois ceci peut s'appeler un système — consiste à tirer parti, au profit des travaux que nous voulons exécuter, de ces énergies qui, normalement, gisent inactives au fond de notre être.

Il ne peut plus subsister aucun doute sur l'existence de ces énergies occultes après les études faites sur elles dans ces dernières années. Du reste, on pourrait observer qu'elles existent du moment où nous croyons à leur existence ; et si nous croyons à leur existence c'est parce que nous avons constaté qu'une pareille foi nous était utile et que par elle nous avions obtenu des résultats impossibles à celui qui vit dans un scepticisme inébranlable.

L'existence de ces énergies cachées étant admise, toute notre science et tout notre art doivent consister à en tirer parti. Et nous aurons commencé à en tirer parti quand nous aurons commencé de croire en elles, c'est-à-dire quand nous aurons commencé à demander leur secours. Ceci peut paraître un cercle vicieux de mots, mais ceux qui nous ont suivi jusqu'ici doivent admettre qu'il s'agit d'une réalité.

Ce chapitre n'est pas consacré à la discussion théorique, mais à la pratique. Nous chercherons donc à résumer le plus clairement et le plus simplement qu'il nous sera possible ces préceptes de gymnastique morale qui nous semblent conduire à une intensification de l'énergie.

Les « ratés » de la vie.

Voici un homme sur ses vingt, ses vingt-deux, ses vingt-cinq ans. Il a reçu une assez bonne éducation, son apparence physique est bonne, il semble, en un mot, en bonne santé et bien dispos.

Et cependant, quoi qu'il entreprenne, quelque carrière qu'il embrasse, quelque effort qu'il tâche d'accomplir, rien ne lui réussit, rien n'aboutit.

Dès le premier élan initial, ou à peine a-t-il fait quelques pas, voilà que ses forces fléchissent, que l'enthousiasme cesse, que la volonté d'aller de l'avant disparaît et le jeune homme s'arrête. Sa tentative a raté encore une fois.

La conséquence première et nécessaire de cette série d'échecs — à part tout désagrément financier qui en puisse résulter — c'est une pauvre confiance que le jeune homme finit par avoir en soi-même.

Dans son for intérieur, il se forme une idée fixe : celle de ne jamais devoir réussir en rien, celle d'être un homme destiné à échouer continuellement, quoi qu'il entreprenne.

Innombrables sont, dans la vie moderne, les hommes qui ont d'eux-mêmes cette opinion ; jetez un regard autour de vous et vous ne verrez que des jeunes gens désillusionnés sur eux-mêmes, enclins à la conviction qu'ils sont exclus du commerce actif des hommes.

Et ce sont là les jeunes gens destinés à être *déclassés* comme on les appelle avec une juste compréhension; ils sont en effet *déclassés* (ou déplacés) moralement; leur centre de gravité n'est pas en place; ils ne peuvent équilibrer leurs forces et les faire converger vers un but déterminé.

A cette nombreuse catégorie appartiennent les timides, les indécis, les fatalistes, les *ratés*; tous ceux qui ont perdu jusqu'au dernier espoir de réussir à devenir quelque chose dans le monde. Ces *ratés* deviennent vite railleurs vis-à-vis de l'enthousiasme des autres, envieux de tout succès, continuellement tourmentés qu'ils sont par la pensée qu'ils sont malheureux en toutes choses. S'ils se laissent encore persuader à entreprendre quelque chose ils sont forcés de déclarer avec un sourire amer : « Vous verrez que la chose ne me réussira pas ; je ne suis pas chançard. » C'est avec cette phrase qu'ils révèlent toute leur désespérance intérieure, leur philosophie intime, leur conviction profonde d'être à la merci du hasard et de la grande loterie humaine. C'est avec justesse que le monde dit d'eux : « Un tel ne réussira pas, il manque de constance, il manque d'énergie. » Et le monde est terrible envers eux. Il suffit pour le prouver de citer un aphorisme qui a une valeur courante chez tous les hommes pratiques et qui est un titre de chapitre, principe en tête de tous les livres qui enseignent l'art de devenir riche : « N'entrez jamais en relations d'affaires avec celui qui a été malheureux dans ses entreprises. » Ceci signifie que le monde abandonne comme des non-valeurs sociales les hommes qui ont manqué d'énergie ; le monde les jette par-dessus bord, parce que le monde veut être avec les plus forts, avec les plus énergiques.

L'éducation de l'énergie.

Prenons maintenant cet homme de vingt, vingt-deux ou vingt-cinq ans et avant qu'il se jette sans jugement dans l'océan de la vie, enseignons-lui que dans les profondeurs de son *Moi* dorment d'innombrables énergies qu'il peut employer pour conquérir le but qu'il ambitionne ; enseignons-lui que tout homme est d'autant plus fort que la confiance qu'il a en soi-même et dans sa destinée est plus grande ; donnons-lui la conviction que tout homme vraiment digne de ce nom a en soi un Dieu *in fieri*, et que ce Dieu ne lui permettra pas d'échouer dans ses entreprises ; inculquons-lui, en un mot, la foi dans sa puissance. Et alors il affrontera la lutte avec l'aveugle conviction d'en sortir victorieux; les obstacles ne se dresseront plus devant ses yeux, terribles et insurmontables : il aura l'*énergie* et il vaincra.

Voilà quelle devrait être la très simple éducation morale moderne, même au risque de créer dans les individus cette tendance que l'on a baptisée du nom de « présomption ». C'est donc un tort d'étouffer dans les jeunes gens la présomption; lorsqu'elle n'est pas une sotte ostentation de qualités incompatibles avec l'individu, la présomption est une force.

Les difficultés toujours croissantes de la vie moderne ont altéré la valeur de ce mot, qui, par le fait d'une fausse éducation, sonne mal. Par un phénomène psychologique bien connu, la présomption se change en confiance en ses propres forces, et cette confiance est la condition première de tout succès.

Avoir la conviction de réussir dans une chose donnée, c'est, nous en convenons, souvent une présomption, mais il n'y a pas de doute que c'est précisément cette conviction qui donne à l'individu la première impulsion, et qui au premier succès se change en une foi inébranlable en sa propre puissance.

Ce n'est qu'en développant en nous la foi en nos propres forces que l'on peut développer en nous l'énergie.

La modestie, qu'on le veuille ou non, est précisément le contraire de la présomption, et même si elle est accompagnée de mérites réels, sera toujours une mauvaise compagne de lutte. La modestie, si elle est une vertu que l'on peut se complaire à regarder dans le royaume fleuri de l'allégorie, peut devenir un véritable vice de l'esprit dans la réalité de la vie. La modestie dégénère en hésitation et en timidité et, par suite, en une fatale conviction de notre faiblesse. Elle rapetisse notre *Moi* au point de le rendre invisible à nous-mêmes, tandis qu'il est à souhaiter à tous les points de vue que, dès qu'il a atteint l'âge de raison, l'enfant apprenne à s'apprécier soi-même et à croire en ses propres forces.

Il conviendrait, en ceci du moins, de modifier l'éducation des enfants; de retourner les règles didactiques, qui, par une survivance ancrée dans les programmes d'enseignement, ont pour habitude de décerner les honneurs de la vertu à la modestie, cette mère de la défiance et du doute de soi. Il faudrait au contraire encourager sans fausse crainte la conviction saine et profonde de ses propres forces et la tentative noble et virile de se surpasser. Une analyse un peu sérieuse nous convaincra bien vite que tout ce que nous appelons chez les enfants, et plus souvent chez les hommes, du nom prématuré de présomption n'est autre chose que la tentative faite pour « surpasser ses propres forces », de faire ce qu'en apparence les propres forces ne montreraient pas possible de faire. Cette tentative est souvent débordée et même punie, c'est-à-dire obligée de « retourner sur ses pas », de s'évanouir, de s'en aller à rien. C'est ainsi que nous avons pour résultat, depuis les premières années un nombre d'individualités apeurées et timides chez lesquelles s'est implantée la conviction négative de ne pas pouvoir réussir.

Le premier coefficient ou facteur de la victoire.

Nous croire aptes à exécuter les projets qui nous sont sympathiques, et que nous jugeons conformes à nos goûts, c'est le premier coefficient de la victoire. Nous n'acquérons l'énergie qui nous est nécessaire pour triompher qu'après que s'est enracinée en nous la conviction, mettons la présomption, de nos forces. Ayons foi en nous-mêmes pour être vraiment nous-mêmes. Le doute est le poison qui tue toute énergie, de même que la foi est le stimulant qui en décuple la puissance.

Mais la difficulté, me dira-t-on, consiste tout juste à croire aveuglément en nous-mêmes. La difficulté n'est qu'apparente et elle disparaît quand nous réfléchissons à tous les prodiges nés de la foi, et quand nous repassons dans notre esprit toutes les preuves positives que nous offre la science pour prouver l'existence des énergies cryptopsychiques. La volonté de croire est le principe de la croyance, et à partir du moment où nous respectons la possibilité de vaincre, cette possibilité nous ouvre les bras. Toute pensée de volonté peut se réaliser et c'est une formule vieille que celle que « vouloir c'est pouvoir ».

L'homme peut acquérir l'énergie, quand il désire

vraiment l'acquérir et quand il ne préfère pas passer sa vie dans la contemplation oisive de son nombril.

Préjugés sur « l'homme énergique. »

Le monde se fait généralement de l'homme énergique un portrait qui ne répond pas du tout à la réalité.

Il se le figure avec les muscles et la volonté toujours tendus, dans une attitude de pose sculpturale ou s'agitant sans cesse dans une activité endiablée.

Or, ceci est une image du faux homme énergique, non du véritable : ce dernier est en réalité calme et olympien, son attitude n'est jamais celle du gladiateur antique, il dissimule la ténacité et la constance sous une apparence de simplicité, et ses yeux n'étincellent pas constamment de l'éclat du commandement et de l'autorité.

L'homme énergique, celui qui a su réveiller ses énergies intimes et les faire converger sur une conquête donnée, fuit de nature toute mimique exagérée et désordonnée ; il semblerait presque que ses énergies cachées aient besoin, pour pouvoir se manifester et pour opérer efficacement, d'être contenues dans une science tranquille. Aussi, les grandes attitudes théâtrales, les gestes amples et solennels, ces gestes, « que l'on peut voir de loin » sont plutôt la caractéristique des faux hommes énergiques, ou de ces hommes énergiques qui veulent de cette manière exploiter la psychologie de la foule, éprise de l'exagération et du grotesque théâtral.

J'ai voulu retracer à grands traits la figure de l'homme énergique pour en venir à ce conseil ; il n'est pas du tout nécessaire, pour acquérir l'énergie, de s'agiter continuellement, d'affecter la pose d'un froncement perpétuel de sourcils, ni de tendre la volonté jusqu'à la briser. Par un pareil système d'attitudes « énergiques » on peut obtenir tout au plus une bonne figuration théâtrale, et représenter, approximativement, la silhouette de Napoléon au profit d'un parterre assoiffé de figures « héroïques ».

Le candidat à l'énergie ne doit pas recourir à ces expédients puérils, excellents pour une séance cinématographique, où l'on voudrait dépeindre les attitudes de *l'homme qui réussit*; il doit plutôt se garder de toute tension exagérée de la volonté, de tout effort enflé, de toute attitude exagérée de l'expression de la volonté. Et en voici le motif.

Un très grand nombre de personnes sont enclines à faire ce que la raison réprouve. Ceci n'est pas une découverte psychologique très particulière, mais ce que tous peut-être ne savent pas, c'est que chacun de nous, indistinctement, a, au cours de la journée, des moments auxquels l'effort, pour ne pas exécuter une chose donnée, suffit pour l'inciter à l'exécuter. Cette tendance est très bien connue des psychologues, laquelle n'est autre qu'une tendance à l'obsession. Or, il arrive que tout effort exagéré, pour obtenir de notre *Moi* un courant volontaire, fait que nous en obtenons précisément le contraire.

Par exemple, nous nous proposons d'abandonner pour toujours le vice de fumer : et nous exprimons cette résolution avec une tension de volonté et une pose théâtrale en prononçant un « je ne veux plus fumer » qui semblerait dit par Napoléon en personne. Mais ce commandement impérieux, que nous nous donnons à nous-mêmes, n'a d'autre effet que de faire naître en nous l'idée obsédante de faire tout l'opposé, le résultat en est que nous continuons à fumer comme des Turcs.

Il semblerait presque que notre *Moi* inconscient, — celui qui nous aide et qui est pour nous plein de bon sens, — n'aime pas être commandé trop impérieusement, et qu'aux manières brusques de l'étrivière, il préfère la politique machiavélique de la douceur et de l'insinuation. Il est de fait que la volonté ne doit pas faire étalage de sa force, et que nous obtenons plus facilement de nous-mêmes ce que nous en voulons en employant la diplomatie que la brutalité féroce.

Avoir de l'énergie ne veut nullement dire être inexorable envers nous et envers les autres, et vivre sous une pression perpétuelle de notre volonté. C'est à cette fausse interprétation qu'il faut attribuer tant de tentatives échouées.

Beaucoup se sont appliqués à mettre en pratique la méthode de ceux qui enseignent à conquérir le monde par la volonté, et qui après deux ou trois essais se sont mis à crier à la fausseté de la méthode en tournant leurs professeurs en ridicule. C'est qu'ils n'ont pas compris la leçon, ou que celle-ci leur a été mal expliquée. Ils ont avalé le remède à trop fortes doses.

La diplomatie avec nous-mêmes.

De tout ce que nous venons de dire, il faut déduire une conséquence très importante. Le candidat à l'énergie ne devra pas confondre celle-ci avec la volonté de fer et brutale, avec cette volonté que nous sommes habitués à reconnaître à tous les hommes « arrivés ».

Nous pouvons arriver à un degré très élevé d'énergie sans avoir toutefois tendu notre volonté jusqu'à l'effet douloureux. Nous ne devons donc pas décourager ceux qui, essayant la conquête de l'énergie, voient leur volonté s'affaiblir ou qu'elle n'est pas à la hauteur de la situation. Il ne faut pas qu'ils abandonnent la partie, mais qu'ils poursuivent l'accomplissement de leur tâche, même *passivement*, doucement, presque sans l'intervention du degré fort de leur volonté, en se bornant à tirer parti du peu de volonté qu'ils possèdent. Les énergies intérieures peuvent travailler également sans que notre *Moi* conscient se tienne là, près de nous, le fouet à la main pour les exciter. En d'autres termes, l'art d'acquérir l'énergie — et par énergie nous entendons toujours l'énergie morale apte à exécuter nos travaux et à dépasser ce que nous avons déjà fait, — consiste dans l'art de nous persuader doucement nous-mêmes à tirer parti de nos forces intérieures presque sans déploiement de commandement, sans recourir à l'étrivière violente du despotisme. Nous devons plutôt *prier* que *commander* à nos forces intérieures, et c'est ici qu'il vient à propos de rappeler comment beaucoup d'hommes d'action doivent leur extraordinaire énergie à la prière.

Bien des batailles sont gagnées dans la vie sans qu'il soit besoin au vainqueur de prendre la grosse voix de l'Ogre, de raidir ses muscles et de froncer le sourcil au commandement militaire ; on gagne plus d'une bataille avec de la diplomatie. L'homme qui veut acquérir l'énergie devra bien se pénétrer d'une vérité : c'est que la lutte pour la vie change continuellement en échangeant son caractère bestial en un caractère moins cruel. Le vainqueur a toujours la suprématie sur le vaincu, mais il en use différemment. L'homme énergique sera toujours le triomphateur, mais son énergie n'est plus l'assemblage de sa cruauté et de la force physique, mais plutôt le fruit d'une vie intérieure, d'une forme de la prière qui se tourne vers soi-même quand on ne croit pas en Dieu. En un mot, nous pouvons acquérir l'énergie sans une dépense trop forte de volonté impérieuse : et ceci nous semble providentiel, car il serait absurde de prétendre que qui va à la recherche de l'énergie et qui est déjà présumablement faible de volonté, doive employer une volonté de fer pour réussir.

L'énergie retrouvée.

La vie contemporaine abonde en malades moraux. Nombreuses sont les causes des malaises. La neurasthénie exerce ses ravages parmi les jeunes. Le suicide augmente le tableau de sa statistique. Les hommes n'ont plus l'énergie de vivre.

Et la vie nous presse toujours plus avec ses luttes vertigineuses. Aujourd'hui plus que jamais c'est un devoir de répandre, dans le public qui lit, les simples vérités qui aident à vivre et qui peuvent nourrir l'espérance dans les cœurs. Or, il est évident que l'espérance la plus utile, que l'on puisse inculquer aux hommes, est celle de les convaincre qu'ils peuvent récupérer une énergie que les heurts de la vie ont étouffée en eux. Inculquée dans l'âme, cette espérance y a fait entrer un motif nouveau de vivre ; et ceci suffit à beaucoup d'hommes pour les ramener à l'action et à l'énergie.

Avoir foi en nous-mêmes et espérer ; croire que sous notre *Moi* conscient et quotidien vit un autre *Moi* plus puissant, plus sage, plus génial, plus actif que le premier ; être convaincus que ce *Moi* est toujours prêt à répondre à notre pressant appel, et qu'il est notre sauveur dans les embarras de la vie ; croire qu'il est donné à chacun de nous d'agir et d'accomplir quelque acte impérissable : que les énergies de notre *Moi* inconscient sont des réalités prouvées par la psychologie et qu'elles peuvent venir à notre aide ; voilà le secret pour acquérir l'énergie et pour se sentir forts contre les obstacles et à l'abri des pièges nombreux de la vie.

Aphorismes sur la conquête de l'énergie.

Pour vivre dignement au milieu des complications progressives de la vie moderne, il faut posséder un certain degré élevé d'énergie morale, sans lequel nous demeurons défaits, sous tous les rapports ; tous tant que nous sommes, nous sommes abondamment fournis de ce degré élevé d'énergie, mais nous n'en savons pas tous profiter.

Dès les premiers ans, les hommes doivent apprendre l'art de tirer parti de leurs propres énergies. Malheureusement l'éducation est erronée sur ce point.

Nous enseignons à nos enfants la contrainte de la modestie, et nous récompensons en eux ces vertus qui, dans la lutte pour la vie, exerceront un effet débilitant ; tandis qu'il serait plus conforme aux conditions rénovées et se compliquant toujours plus de la vie moderne, de leur enseigner la confiance illimitée dans leurs propres forces et dans leurs propres aptitudes, même au risque d'en faire des présomptueux.

La « présomption » entendue dans sa valeur psychologique et dynamogène n'est pas méprisée, ni ridiculisée comme un défaut : la présomption est entendue comme le premier degré de la confiance en soi, comme le premier coefficient ou facteur du succès, car croire que l'on réussira est la première assurance du succès.

Ce très grand philosophe pratique qu'est James, a admirablement exprimé cette vérité dans la période suivante : « Si un homme se trouve forcé, dans une ascension alpine, de faire un saut dangereux, qu'il le fasse avec ardeur et avec confiance, et il l'exécutera avec succès ; mais s'il a un doute au sujet de ses forces, il est perdu ; il sautera avec hésitation et il se rompra le cou... Le succès dépendra de l'énergie de l'acte, l'énergie de la croyance qu'on réussira, et celle-ci de la croyance qu'on est dans le vrai, laquelle se vérifie ainsi de par elle-même. »

La croyance en nous-mêmes doit donc être le premier incitatif de l'énergie. Cette croyance est accompagnée d'une autre conviction, celle que notre travail n'est pas inutile et qu'il servira à nous-mêmes et aux autres. Rien n'est plus désastreux pour le travailleur de la pensée que la conception pessimiste de la vie. L'homme qui n'attache pas à son travail une certaine importance, qui le regarde comme futile et sans utilité, n'est pas capable d'y faire passer cet accent de conviction et de sérieux qui caractérise l'œuvre du génie.

Il est donc de nécessité absolue qu'avant de nous mettre à l'ouvrage, nous devons reposer dans la conviction assurée que notre œuvre ne sera pas inutile au progrès humain, même si cette conviction pouvait faire sourire l'un ou l'autre ami sceptique et nous attirer l'épithète de présomptueux.

L'éducation de l'énergie consiste à nous inculquer la confiance en nous-mêmes.

L'énergie n'a pas pour caractères extérieurs le terrible froncement de sourcils, les rides de la volonté entêtée, les biceps gonflés : l'énergie est au contraire souvent accompagnée du calme et de la douceur.

Les exercices violents du *sport* ne sont absolument d'aucune utilité pour inculquer l'énergie morale. Ils produisent des hypertrophies et exploitent toutes les énergies pour n'arriver qu'à un simple record. Sans abandonner la gymnastique physique, l'éducation de l'énergie morale s'effectue par des moyens moraux.

Quand vous devez triompher d'un obstacle, vaincre une passion, vous guérir de quelque mauvaise habitude, exécuter quelque travail pénible, c'est une mauvaise politique que celle de vous faire violence à vous-mêmes. Ce n'est pas la force qu'il faut employer, mais la douceur. Il faut faire appel à vos énergies intimes, à ces énergies qui normalement sont assoupies en vous, et pour réussir à les libérer de votre *Moi* profond, l'imploration vaut mieux que le commandement violent de l'autocrate.

Plus vous *enflerez la voix* contre vous-mêmes et moins vous réussirez dans votre intention, car en *enflant la voix* vous vous convaincrez toujours plus que ce que vous tentez est difficile à réussir, et plus vous vous couvaincrez que c'est difficile et moins vous y réussirez.

La vraie et authentique énergie morale consiste à nous vaincre avec diplomatie et finesse sans faire les matamores, sans prendre la pose de l'homme impérieux qui peut tout ce qu'il veut. Il faut agir envers nous-mêmes comme nous agissons envers notre prochain quand nous voulons l'amener à faire ce que nous désirons.

La prière est un grand facteur d'énergie morale.

L'énergie est le résultat de mille ruses envers nous-mêmes, de mille compromis entre les habitudes que nous voulons abandonner et celles que nous voulons adopter, elle est une sorte de trêve pendant laquelle il nous est donné de produire un travail utile.

L'énergie, lorsqu'elle est le fruit d'une éducation,

augmente de jour en jour pour ne retomber qu'après qu'elle a produit ce qu'elle devait produire.

Il est donné à tout homme d'acquérir l'énergie quand il est en état de traiter comme il faut ses forces intérieures, c'est-à-dire quand il a appris la politique de l'exploitation de soi-même.

CHAPITRE XV

De la santé de l'âme à la santé du corps.

SOMMAIRE :

L'influence du moral sur le physique. — Les émotions désagréables et le fonctionnement de l'estomac. — Les affections de l'âme et les affections du corps. — Les passions et l'économie de l'organisme. — Les hypocondriaques. — L'égoïsme et les maladies. — Altruisme et guérison. — La confiance de guérir. La science chrétienne.

« L'affection de l'âme est le premier prodrome de l'affection du corps. »

D' BRON.

Ame et corps.

La santé du corps est étroitement liée à la santé de l'âme.

Les lecteurs, qui nous auront suivi dans les autres chapitres, ne trouveront cette affirmation ni trop hardie ni nécessitant de grandes démonstrations.

Ils auront pu se convaincre que toute notre vie physique marche de pair avec notre vie morale, et qu'il n'y a pas une manifestation de la psyché qui ne se répercute, plus ou moins dans l'organisme.

Mais là où ce lien est le plus visible, c'est précisément dans l'état de santé ou dans celui de maladie.

Pas n'est besoin d'être médecin pour constater ces liens indissolubles.

Tout le monde a pu constater cent fois sur soi-même la soi-disant influence du moral sur le physique. Qui de nous ne se souvient d'avoir perdu l'appétit à la suite d'une émotion trop vive ? D'avoir eu la migraine à la suite d'un travail de tête trop prolongé ? D'avoir, sous l'empire d'une forte contrariété, passé des journées entières de véritable maladie ? Qui ne sait pas que les souffrances morales font blanchir les cheveux prématurément ou qu'elles impriment sur tout notre être le cachet d'une vieillesse précoce ?

« Le moral, dit Herzen, peut diminuer ou suspendre diverses sécrétions pour un temps plus ou moins long; les orateurs peu habitués à parler en public, intimidés à la vue de leur auditoire, souffrent d'une grande sécheresse de la bouche; ceci se présente aussi chez les candidats qui se présentent devant une commission d'examens; ils ont souvent la bouche tellement desséchée qu'ils éprouvent de la difficulté à prononcer une parole; surtout s'ils s'aperçoivent que l'examen prend mauvaise tournure. Une dame au moment de se mettre à table apprend la mort subite d'une personne qui lui est chère; l'émotion lui coupe l'appétit, elle ne peut plus manger. Toute tentative de goûter à quelque chose lui donne la nausée; pendant plusieurs jours elle rejette jusqu'au lait et au bouillon qu'elle s'efforçait de prendre : cette violente émotion a produit sur cette dame une véritable dyspepsie, en suspendant l'activité des glandes de la muqueuse gastrique. Une grande frayeur accélère considérablement les mouvements péristaltiques de l'intestin et produit la proverbiale diarrhée des peureux. La respiration et la circulation se modifient consciemment ou inconsciemment, sous l'influence des sentiments, des émotions, des passions et aussi à un degré moindre de la froide pensée.

Tout le monde sait combien facilement on devine l'agitation intérieure d'une personne d'après le rythme et l'ampleur de ses mouvements respiratoires.

Les sentiments agréables et jaloux produisent en général une légère accélération de la respiration, les sentiments tristes et pénibles, les préoccupations de toutes sortes, la rendent au contraire plus lente et plus superficielle, à telle enseigne que l'échange gazeux devient insuffisant et que le malaise, qui en résulte, une vague oppression dont on a à peine conscience, provoquent une profonde et longue inspiration, le soupir. »

Citons encore du Herzen :

« La colère modérée congestionne fortement la tête; la colère violente donne au visage une pâleur livide, épouvantable. Toute émotion altère plus ou moins la voix; l'innervation motrice des cordes vocales et les mouvements respiratoires sont modifiés... L'action du moral sur le physique n'est pas toujours limitée à un seul système ou localisée dans un seul organe. Tout sentiment ayant une certaine intensité, toute forte préoccupation affectent simultanément les diverses fonctions de la vie végétative. »

L'influence quotidienne et continue des émotions désagréables ne peut que déterminer sur notre organisme des modifications qui les prédisposent à la maladie.

Le docteur Jean Bron qui vient d'écrire un livre sur l'origine sociale de la maladie, assure que la plupart des maladies doivent leur origine à une perturbation nerveuse. « Il n'y a pas, écrit-il, de secousse cérébrale qui n'ait sa répercussion sur la musculature ou sur les sécrétions de l'estomac. »

L'estomac est tout.

Et puisque, selon Bron, « en tout et pour tout l'estomac est au fond de tout », il est facile de comprendre pourquoi toutes les maladies sont étroitement liées à une altération quelconque du fonctionnement de l'estomac.

« D'où qu'elle vienne, toute excitation qui rejaillit sur les centres nerveux se transmet ou retourne à l'estomac. Le nerf pneumogastrique qui, avec le grand sympathique, préside à la plupart des réflexes digestifs, donne au suc gastrique une sensibilité obtuse. Les sensations qui s'ensuivent sont vagues et indécises. Les réflexes de l'estomac sont souvent inconscients ; d'où la facilité avec laquelle les malaises de l'estomac passent souvent inaperçus pendant de longues années. Vienne le jour où la fatigue intellectuelle touche au paroxysme et les désordres de l'économie se trouvent déjà installés. La dyspepsie constituée est la porte ouverte à toutes les maladies. Elle est la propagation progressive ou immédiate du mal aux autres fonctions viscérales. On ignore peut-être que les malades guérissent d'autant plus facilement que leur appareil digestif est meilleur et leur raison plus entière ? Un pneumonique dont l'estomac est bon et peut lutter contre les poisons organiques, alimentaires et médicamenteux, aura toutes les probabilités de guérison, et ceci indépendamment de toute intervention médicale. »

Du bon fonctionnement de l'estomac dépend le bon fonctionnement de notre organisme, c'est là une vérité scientifique très simple mais qui n'est pas assez appréciée. Toute maladie est reliée, directement ou indirectement au fonctionnement de l'estomac.

Et le docteur Bron ajoute : « Le système nerveux commande; la circulation obéit; et ce sont les bacilles qui en profitent. »

La sobriété morale.

Il veut signifier que l'œuvre destructrice des bacilles est subordonnée à l'état de défense de l'organisme et que cet état de défense dépend du système nerveux. Quand le système nerveux a perdu son empire, le désordre et l'anarchie se produisent dans l'organisme et les bacilles, profitant de ces conditions favorables, accomplissent leur action destructive. Créer au système nerveux des conditions favorables de fonctionnement, voilà toute l'hygiène de l'homme.

Malheureusement, les temps sont peu favorables à notre système nerveux ; les conditions de la vie sont devenues tellement compliquées que pour pouvoir conserver à notre système nerveux la suprématie du commandement, nous devons nous en tenir à une existence méthodique.

Tout être vivant se forme, s'accroît, se conserve en vertu d'une force intérieure associée à des forces ou à des résistances extérieures.

Il faut donc augmenter le plus qu'on peut cette force interne de manière à ce qu'elle puisse vaincre les résistances extérieures. Il est prouvé maintenant que cette force intérieure est augmentée et maintenue en bonne santé par notre intégrité morale et par la conscience certaine de nous-mêmes. La conséquence est donc facile à tirer ; la santé morale engendre la santé physique. La maladie est, en quelque sorte, un avertissement que nous donne la nature et un appel au rétablissement de l'équilibre de notre vie morale.

« Les habitudes les plus simples sont les plus saines, les plus hygiéniques, dit le docteur Jean Bron. Les hommes les plus vertueux, au physique comme au moral, supposent les prétentions les plus limitées et les plus définies. C'est chez les citoyens les plus modérés que se rencontrent les maladies dont le type est le plus pur et qui sont les plus faciles à classer. La progression infinie des besoins et des appétits, que ne contrebalance pas un rythme physique constant et stable, conduit aux avortements psychiques initiaux ou au déséquilibre final des natures les mieux organisées. »

La santé de l'individu est étroitement liée à sa sobriété morale, plus peut-être qu'à sa sobriété physique.

« L'alcoolisme, l'avarie, comme la tuberculose — dit le docteur Bron — ne sont pas par eux-mêmes seulement les plus grands fléaux du siècle; ils n'en sont que l'expression. Et pour ne parler que de l'alcoolisme, je dirai avec la plus grande insistance que le danger réside moins dans l'ingestion du poison que dans le besoin impulsif qui nous porte à boire.

« Supprimez les vins, les liqueurs, les essences, vous n'aurez pas supprimé le mal. Monopolisez l'alcool ou frappez-le d'interdiction, vous n'aurez pas monopolisé la santé.

« Ici aussi, ce n'est pas le point d'arrivée, c'est le point de départ qu'il faut considérer pour découvrir la vérité. L'alcoolisme, à proprement parler, n'est pas un vice directement acquis ou la transmission inexorable d'une tare originelle. Il n'est que l'expression d'une soif spéciale du dyspeptique; il n'est que le résultat d'une impulsion particulière chez un déséquilibré... Il n'est qu'un état initial qu'il faut frapper avec tout l'appareil de la sévérité... Et plutôt que de rayer cet individu du tableau social, au lieu d'imposer au buveur une sorte de rééducation physiologique, ce qui constitue déjà un effort contre nature, il faudrait chercher à redonner à cet individu le sentiment de la responsabilité qu'il a souvent perdu... N'en déplaise à MM. Smith, Triboulet, Letulle et à toutes les personnes bien intentionnées, *le péril national est d'origine essentiellement psychique.* »

C'est ainsi que l'on peut dire de toutes les grandes maladies sociales qu'elles sont le produit d'un psychisme irrégulier. Les articles du code et les interdictions ne servent pas à grand'chose : il faut apprendre aux hommes à être des hommes ; c'est-à-dire à sentir la responsabilité de leurs actes ; il faut leur faire comprendre qu'ils ne sont pas des fantoches, jouets d'une fatalité psychologique, mais qu'ils ont en eux l'énergie nécessaire pour mener une vie équilibrée. Il faut enseigner aux hommes la sobriété morale dont dépend souvent la sobriété physique.

« Nos éléments anatomiques ne se défendent plus, ou ils se défendent mal ; voilà le secret de nos maladies.

L'obération de notre conscience et de nos habitudes consume lentement nos cellules. »

De la santé de l'âme à la santé du corps.

Le secret de la santé est renfermé dans l'équilibre nerveux : l'équilibre nerveux se maintient avec une bonne hygiène de l'âme. Les fléaux sociaux disparaîtraient lentement si tous les hommes apprenaient ces simples vérités et s'ils avaient la constance de les suivre.

Les affections de l'âme.

« L'affection de l'âme — dit le docteur Bron — est le premier prodrome de l'affection du corps ; esprit et corps se déchirent à l'unisson. Les inquiétudes, les souffrances morales, ne conduisent-elles pas toutes à la dyspepsie ? Ne connaissons-nous pas l'ictère émotive, l'urticaire émotive, la diarrhée émotive, la paralysie émotive ? Et quelle est donc cette classe de personnes — déséquilibrées ou non — qui se prétendent malades et qui s'appellent neurasthéniques ?

« Guérir l'âme équivaut à guérir le corps. Beaucoup de maladies ne sont que le réflexe d'un esprit vicié.

« Un acte mental sincère s'imprime sur les centres nerveux avec une impression modérée et lente.

« De la succession et de la répétition des impressions naissent les habitudes de l'esprit. Une habitude de l'esprit est, par correspondance nerveuse, en corrélation intime avec une habitude du corps.

« Toute déformation de pensée est la mutilation de notre être moral.

« Or, une passion exagérée, est déjà une contrefaçon de phénomène mental. »

Les passions, selon Richerand, ont des effets différents sur l'économie de l'organisme : les unes engendrent une sur-activité, les autres, au contraire, engendrent un ralentissement des mouvements vitaux...

« Toute passion exagérée nous fait dévier vers la décadence organique. »

L'hygiène de l'âme doit donc consister essentiellement dans l'art de modérer nos passions de manière qu'elles ne prennent pas sur nous un empire exclusif en entraînant notre organisme vers la décadence.

Les malades imaginaires.

Le régime hygiénique pour conserver la santé de l'âme ne peut donc être différent de celui que nous avons indiqué pour l'acquisition de la joie, de la jeunesse, de la beauté, etc.

Ici aussi, comme dans les autres manifestations, il s'agit de maintenir toujours suffisamment élevé le ton vital, grâce à l'intervention des énergies cryptopsychiques.

La conception optimiste de la vie est la condition première pour être prémuni contre l'attaque des maladies.

En effet, un assez grand nombre de maladies — les maladies morales — naissent d'une conception funèbre de la vie, d'une manie de méfiance qui prend tous les caractères de l'obsession et qui se change en haine universelle, en phobies obstinées.

Observez attentivement ceux qu'on appelle des hypocondriaques ; ils sont pessimistes, méfiants, irritables: les hommes se présentent à leurs yeux comme autant de malintentionnés, chaque fait est interprété de la plus vilaine façon entre eux, et les choses se dressent comme un voile funèbre.

Au début, ils ne sont guère que des malades imaginaires, mais ils sont sur le chemin qui mène à des maladies réelles. L'hypocondriaque ne peut se considérer comme guéri qu'à partir du jour où il aura réussi à changer sa manière de voir sur les hommes et sur la vie et qu'il aura appris à apprécier les belles choses de la vie.

Les maladies imaginaires n'auraient pas de raisons d'être si ceux qui en souffrent possédaient une conception élevée de la vie, s'ils n'étaient pas imbus de l'égoïsme le plus évident. Le malade imaginaire est presque toujours un être abject et égoïste. Son esprit est incapable de s'élever au-dessus des petites variations de son organisme. Un peu de patine blanche sur la langue est pour lui un motif de malaise universel ; un léger mal de tête devient le thème journellement varié d'une diatribe contre le monde. Ses malaises de fantaisie doivent être absolument le point central de l'univers et il enrage quand il ne voit pas tous les hommes s'intéresser à son cœur, à ses poumons, à son foie. Son égoïsme mesquin grandit ses maux au-dessus de toute autre question et il verrait volontiers toute l'humanité à son chevet à gémir sur lui.

Ceci est une forme d'égoïsme bien plus antipathique encore que celle du surhomme qui prétend élever sa puissance sur tous les autres hommes.

La cure de l'hypocondrie.

Dès que nous nous apercevons que quelque fantaisie hypocondriaque cherche à s'insinuer dans notre cerveau, nous devons l'en chasser le plus vite qu'il nous sera possible.

Ne permettons pas qu'elle s'y installe.

Donnons de suite à notre esprit une occupation qui l'absorbe ou qui le détourne des dangereuses fantasmagories. Ayons recours de suite à quelque distraction intellectuelle, employons le cerveau à un travail absorbant.

Tout d'abord la noire fantaisie agitera encore ses ailes funèbres devant nous, mais peu à peu elle disparaîtra ; absorbés que nous serons dans un courant d'idées nouveau, nous ne nous en apercevrons plus.

Malheur à nous si nous prêtons l'oreille à la voix insidieuse ; elle nous persuadera bien vite que la maladie a envahi notre organisme, et nous irons grossir le nombre des infortunés qui se déchirent de leurs propres mains.

Pour déjouer les embûches de ces maladies imaginaires, rien n'est plus efficace que de s'imposer quelque tâche difficile à accomplir, en nous engageant vis-à-vis de nous-mêmes et vis-à-vis du monde à la mener à bonne fin.

La plupart du temps, un engagement de ce genre

sauve l'hypocondriaque des mille tentacules des maladies imaginaires.

Altruisme et guérison

Nonobstant, toute tentative serait inutile si nous ne réussissions pas à donner à nos sentiments une direction altruiste.

Pour sortir de l'obsession des maladies imaginaires, il faut nous dévouer à quelque cause noble et généreuse ou du moins nous éprendre d'une vive affection pour quelqu'un ; accomplir quelque grand sacrifice, épouser quelque noble ambition, en somme, entrer courageusement dans un courant d'idées altruistes. Sortir de notre petit *Moi* journalier et sortir au grand jour tous nos bons sentiments, voilà la voie du salut pour l'hypocondriaque comme pour celui qui souffre de maladies réelles.

L'altruisme est la vraie médecine des maladies imaginaires et de l'oisiveté.

Il semblerait presque que la nature ne nous laisse pas impunément passer nos journées à écouter anxieusement les mouvements de notre organisme ; elle ne veut pas que nous réduisions l'univers tout entier à un bobo de notre corps.

La nature nous convie aux grands spectacles, aux actions généreuses, aux œuvres utiles à nos semblables, aux problèmes éternels de l'existence, aux comtemplations qui élèvent l'âme ; elle nous appelle encore au grand devoir de la paternité et de la conservation de l'espèce, aux affections pures et généreuses qui absorbent notre activité, et non pas aux ordures égoïstes de notre corps.

Et la nature punit tous ceux qui, dégradant le sentiment de la grandeur humaine, passent leurs jours à se tâter le pouls et à étudier devant la glace la couleur de la langue; elle les punit en changeant leurs maladies imaginaires en maladies réelles, en faisant d'un homme un pauvre réceptacle et un égout de toutes les maladies de l'humanité, en réalisant ce que, dans leur mesquine peur, ils ont toujours invoqué.

L'égoïsme chatouilleux et les maladies.

C'est ce qu'on peut dire de beaucoup de formes de neurasthénie, lesquelles ne sont autre chose que le produit de l'égoïsme chatouilleux.

La neurasthénie est rarement produite par un travail excessif, mais par un excès de mesquines préoccupations. J'ai dit mesquines préoccupations, car les grands et nobles soucis ne nuisent pas à notre organisme, au contraire, ils servent à maintenir l'élévation du ton vital, ils aident à vivre dignement.

Ce sont les viles préoccupations égoïstes qui nous énervent, qui nous irritent continuellement, qui nous rendent mécontents de nous-mêmes et des autres, qui laissent notre organisme tout préparé pour l'invasion des maladies.

La neurasthénie est une insuffisance de ton vital, et elle ne peut jamais être produite par une noble et digne occupation. C'est une dépression nerveuse que nous devons guérir par le tonique de l'enthousiasme. Commencer quelque bonne œuvre d'amour ou d'humanité, voilà la meilleure recette pour beaucoup de neurasthéniques.

La confiance de guérir.

Un facteur d'une importance énorme dans la guérison d'une maladie, c'est la foi dans la possibilité de la guérison. Croire que l'on guérira c'est avoir trouvé la voie de la guérison ; en douter, c'est perdre toute espérance de salut. C'est le cas de répéter la phrase citée de James : « Croire vous sera utile ; tandis que ne pas croire vous sera fatal. »

Et pour pouvoir croire en la guérison il n'y a qu'un moyen.

Bien que de prime abord le conseil puisse susciter un sourire d'ironie, je dirais qu'il faut considérer les maladies avec une pensée optimiste et presque d'un œil bienveillant, car c'est de cette manière seulement que nous nous préparons la possibilité d'une foi dans la prochaine guérison : tandis que si nous prenons, en présence d'une maladie, une attitude apeurée d'hommes finis, il nous sera impossible d'entretenir la confiance en notre guérison. Même en présence de la maladie manifeste, mieux vaut de beaucoup conserver le calme et la confiance que de nous agiter dans le désespoir nuisible de celui qui se donne comme perdu ; l'homme qui est sur le point de se noyer se noiera bien plus sûrement en faisant des mouvements désordonnés.

Nous ne voulons pas entamer ici de discussion sur la fameuse « Science chrétienne ». Nous nous bornerons seulement à rappeler que même le grand psychologue William James reconnait dans les méthodes suivies par cette curieuse secte, dont un des résultats principaux a été de faire gagner beaucoup d'argent à Miss Eddy, une efficacité curative dont il faut bien reconnaître l'authenticité. Sans nous déclarer partisans de cette secte, nous ne pouvons nier les avantages réels d'une méthode qui est une application du pouvoir auto-suggestif.

Les sectateurs de la « Science chrétienne » vont vraiment un peu loin ; ils prétendent guérir les maladies en niant leur existence, quelqu'avancé que soit leur état. Cette excessivité de méthode à part, tous les friands des miracles de la psychothérapie doivent admettre la bonté fondamentale de traitement.

Mais les sectes tombent toujours dans les exagérations et dans les fanatismes, et la « Science chrétienne » déraille lorsqu'elle nie l'utilité de l'intervention médicale. La foi, tout en étant un coefficient important, ne suffit pas à détruire les ravages d'une maladie avancée et le concours de l'art médical est toujours nécessaire ; d'autant plus que si le médecin a du tact, il secondera par une psychothérapie habile l'effet bienfaisant de la foi.

Le conseil sur lequel nous insistons est celui d'inculquer dans l'esprit du malade une confiance qui ne diminue jamais.

Si le malade croit en Dieu, il devra abandonner son âme à la prière en toute liberté, car la prière produit toujours un bienfait réel ; s'il ne croit pas en Dieu, qu'il recueille ses pensées sur ses énergies intimes, en donnant à sa fantaisie une direction optimiste, en s'efforçant presque de s'imaginer que son corps est redevenu sain et à l'abri de toute maladie.

Devenir aussi oublieux que l'on pourra de ses propres maux, voilà le principe bien simple, si simple même qu'il en paraît vulgaire, sur lequel se base toute la science de guérir par le moyen de la pensée.

CHAPITRE XVI

Notre destinée est en nous.

SOMMAIRE :

La liberté de l'homme. — Qu'est-ce que la fortune ? — La philosophie de la passivité. — Les artifices de sa propre destinée. — Le bonheur. — Le songe réalisé.

« L'homme est l'artisan de sa propre destinée : il sera demain ce qu'il veut être aujourd'hui. »

E. M.

Notre destinée est en nous.

Nous portons en nous notre destinée.

Les éternelles et oiseuses discussions sur le libre arbitre ne sont heureusement plus que le thème suranné de quelque matérialiste retardataire. La partie la plus éclairée de l'humanité a compris que la croyance en notre liberté nous était plus utile que celle de nous croire les pantins mécaniques du destin. L'homme doit avoir confiance dans sa volonté pour trouver la raison de vivre dignement. Croire que nous sommes des êtres voués depuis notre naissance à un destin inflexible, équivaut à supprimer en nous toute force d'action.

Nous serons ce que nous voulons que nous soyions, voilà la vérité de laquelle naissent les grandes destinées ; voilà la vérité qui doit resplendir continuellement devant les hommes. La chance n'est qu'un vain mot : la vie n'est pas une loterie où nous sommes invités à tirer un numéro, mais une arène où le plus fort — et le plus fort dans le sens moral — est destiné à vaincre. L'homme peut diriger sa destinée ; mieux vaut créer. La négation de notre liberté est une formule créée par l'oisiveté et peut-être bien par la mauvaise foi ; c'est une philosophie commode qui nous soustrait à toute responsabilité, et dans laquelle nous laissons nos énergies se mourir sans remords. Mais tous les hommes qui ont senti profondément par eux-mêmes, ont rejeté cette philosophie de la passivité. Nous ne connaissons ni la cause première des choses, ni leur finalité, mais une intuition claire nous assure que l'homme vit et souffre et se tourmente *pour quelque chose* qui le fuit encore. Tous nous sentons dans nos meilleurs moments que nous avons une immense responsabilité de nos actions, ou que la vie attend de chacun de nous quelque grande œuvre ; et si nous ne pouvons pas toujours accomplir cette grande œuvre, nous éprouvons, comme par compensation, la joie que nous en procure le simple essai. Un père, qui travaille toute sa vie pour assurer l'avenir de son fils, sans une heure de répit, a la conscience nette d'accomplir une grande action destinée à l'immortalité ; car la conscience lui parlera des travaux que pourra accomplir son fils ou le fils de son fils ou un arrière petit-fils, au profit duquel il aura employé ses énergies. Cette conscience de l'immortalité de nos actions est la compensation de toutes les souffrances que nous devons endurer, et elle est en même temps la sensation de la liberté dont nous jouissons.

Aucun effort ne reste sans effet, aucun désir ne périt, aucune volonté ne se volatilise, toute pensée que nous pensons influe sur nous et sur notre descendance ; chacune de nos actions est une pierre apportée à l'édifice de notre destinée.

Nous sommes les artisans de notre destinée. Nous pouvons la façonner comme nous voulons. La nature nous en a fourni les instruments, la conscience et les énergies du *moi* subliminal. La conscience nous dit que les manifestations de notre *moi* superficiel sont très peu fréquentes et que nous pouvons tirer un grand secours des énergies latentes. Pour obtenir ce secours nous devons être bons, moraux et sains ; c'est-à-dire que nous devons sentir notre ton vital relevé. L'art, les spectacles de la nature, les actions généreuses, la bonté en action, les lectures élevées, la musique, l'amour ; voilà autant de moyens d'augmenter nos énergies morales.

On ne doit jamais considérer un homme comme perdu. Frappés par les chagrins les plus profonds, nous pouvons toujours retrouver au fond de notre être la force de vivre, car *la vie ne veut pas mourir*, et tant qu'il en reste encore la plus petite étincelle, celle-ci peut se développer en une grande flamme. Mais il faut pour cela qu'elle soit activée par le souffle de la volonté. Ce qu'on appelle la chance n'est qu'une figure de rhétorique inventée par la paresse humaine. Les hommes chançards sont ceux qui ont su devenir tels; qui ont construit jour par jour, heure par heure, l'édifice de leur propre destinée, qui ont compris ce que la vie a de divinement sérieux, qui ont lu clairement les trois commandements de la nature ; sois bon, sois fort, sois confiant en toi, malgré tout, malgré tous.

Le bonheur de la vie n'est pas une chimère, si par ce mot de bonheur nous n'entendons pas la satisfaction vulgaire de tout désir, qu'il soit pervers ou normal.

Le bonheur est à notre portée si par là nous entendons le repos de l'esprit, la tranquillité de la conscience, la possibilité d'un travail utile, la certitude de nous perpétuer dans nos enfants : la sympathie de ceux qui nous entourent, la facilité de réussir dans nos entreprises.

L'homme peut être heureux s'il le veut ; s'il ne complique pas la vie par de vains sophismes, s'il ne cultive pas dans son âme un simple égoïsme, s'il ne se crée pas les mille fantômes de l'hypocondrie.

Il est au pouvoir de tout individu d'arriver à construire l'édifice de sa propre félicité, pourvu qu'il ne prétende pas à la félicité absolue.

Que chacun parte à la conquête des énormes énergies qui reposent en lui ; que chacun découvre le trésor qui git au fin fond de son être infini, et qu'il le mette en pleine lumière pour faire de son existence un rêve réalisé.

FIN

TABLE DES MATIÈRES

Préface.   v

Chapitre premier. — **La Belle au Bois dormant.** .   1
   Sommaire : La Belle au Bois dormant. — Le sommeil éveillé des hommes. — L'homme qui dort. — Le pessimisme contemporain. — Pourquoi trop d'hommes sont malheureux. — Les promesses de la science nouvelle. — La fête de la Résurrection. — Les hommes peuvent être heureux. — Quels sont les hommes dignes de réveil.

Chapitre II. — **Les forces ignorées de l'âme humaine.**   17
   Sommaire : Le *moi* extérieur et le *moi* profond. — L'homme a en soi un trésor d'énergie dont il ne sait pas tirer parti. — Les forces cachées ou forces cryptopsychiques. — Ce qu'il faut entendre par sous-conscience. — L'éducation des énergies humaines. — Comment on doit et on peut les employer. — L'homme puissant est l'homme qui sait employer ses énergies cryptopsychiques. — Les portes de l'espérance. — Pour qui est écrit ce livre. — Réveille-toi et combats!...

Chapitre III. — **L'art de renaître**. 31
> Sommaire: L'art nécessaire est trop inconnu. — Le problème du bonheur. — L'homme malheureux doit renaître. — Se renouveler signifie retrouver le bonheur, la santé, la jeunesse. — Renouvellement de l'âme et du corps. — Celui qui n'apprend pas à se renouveler est perdu. — La joie de renaître. — La foi comme instrument de renaissance. — Ce qu'est le Bovarisme. — Comment on devient Bovariste. — La transformation du caractère. — Veux-je être un autre homme? — Les moyens variés d'obtenir sa propre renaissance. — Les sympathies psychiques. — Ce que sont les obsessions et comment elles prennent naissance. — Comment on vient à bout des obsessions. — Les miracles des forces cryptopsychiques. — La prière. — Innombrables formes de prière. — La prière de l'athée. — L'art de prier et d'utiliser les bienfaits de la prière. — Paragraphe résumant les idées exposées dans ce chapitre.

Chapitre IV. — **Les volontaires de la vieillesse** . . 57
> Sommaire : Une fatale erreur de perspective. — Une découverte désastreuse : Je vieillis ! — La complicité du miroir. — Courte psychologie du vieillard précoce. — La vieillesse sans gloire. — Ceux qui vieillissent avant l'âge ressemblent aux volontaires de la mort. — La vieillesse est une mort lente. — La faute de la vieillesse. — Une affirmation de Gœthe : Si l'homme le veut, il ne meurt pas. — La vérité absolue et la vérité relative de cette affirmation. — L'idée fixe de vieillir. — Quelles sont les lignes générales de la guérison de la vieillesse ?

Chapitre V. — **Les secrets de la jeunesse persistante** 69
> Sommaire : L'ivresse quotidienne augmente le ton de la vitalité. — L'ivresse psychologique. — Les boissons alcooliques dépriment le ton de la vitalité. —

L'ivresse et les états mystiques. — Qu'est-ce que l'art ? — L'art considéré comme hygiène. — L'art est un instrument dynamogène. — La cure de l'émotion esthétique et comment elle sert à conserver la jeunesse. — Comment doit se faire la cure de l'émotion esthétique.

CHAPITRE VI. — **La conquête de la joie**. 87
SOMMAIRE : Une doctrine qui engendre les maladies psychiques et morales. — L'incohérence du pessimisme. — Pourquoi il faut être optimiste. — La joie de vivre. — Aimons la vie. — Comment naissent les maladies morales. — Comment on étouffe la cause des maladies morales. — Comment naissent les obsessions. — La tristesse contemporaine. — La conquête de la joie.

CHAPITRE VII. — **La bonté qui guérit**. . . . . .
SOMMAIRE : « Rien de mal ne peut arriver à l'homme bon. » — La bonté est hygiénique. — Comment naissent les obsessions dans les individus sans bonté. — Histoire d'un envieux. — La bonté comme préservatif des maladies psychiques et mentales. — Les maladies contagieuses et la bonté. — Le mécanisme curatif de la bonté. — Pour être efficace il faut que la bonté soit consciente.

CHAPITRE VIII. — **L'art d'être bon**. 123
SOMMAIRE : Un trésor à la portée de tous. — L'invocation quotidienne à la bonté. — Les premiers préceptes de la bonté. — La bonté et le Bovarisme. — Quels avantages la bonté retire des hypocrites. — L'hypocrisie considérée comme une tentative de réhabilitation. — Mauvais éducateurs, mauvais pères et mauvaises mères. — Les lunettes de la bonté. — Les mille ruses de l'homme vraiment bon. — Petit manuel de la bonté.

CHAPITRE IX. — **La beauté sans cosmétiques**. . . 143
SOMMAIRE : Bonté et beauté. — Quel est notre art de

la beauté. — La gymnastique mentale de la beauté. — La puissance autoplastique.— De *Gibson's Girl* à *Fluffy Ruffles*. — Les jeunes filles américaines ont voulu être belles. — L'immoralité des femmes laides. — Les recettes mentales de la beauté.

Chapitre X. — **La beauté transmise aux enfants** . 165
Sommaire : La beauté pour les enfants. — Le sentiment de la maternité est un facteur de beauté. — Les neuf mois de l'attente. — L'idéal de beauté que l'on veut transmettre aux enfants. — La statue idéale. — La prière de la maternité. — L'extase maternelle. — Un rayon de beauté sur la vie nouvelle qui naît. — Quand le fils est né.

Chapitre XI. — **La caresse qui embellit** 185
Sommaire : Une théorie curieuse. — La fonction esthétique de la caresse. — Le corps humain et sa symétrie. — Observation générale d'un écrivain français. — Pourquoi la mère caresse ses enfants. — La caresse n'est pas seulement un besoin de manifester sa propre affection, mais c'est encore une tentative de plastique. — L'art plastique maternel. — Comment l'embrassement corrige les imperfections de nos enfants. — Les bébés sans caresses et leurs différences esthétiques.

Chapitre XII. — **L'art de rêver** 197
Sommaire : L'art de rêver est l'art de faire de beaux rêves. — Le rêve les yeux ouverts. — L'imagination et e rêve. — Le rêve est un élixir de jeunesse. — ève et le cauchemar. — L'enfant divin. — L'art d'être enfant. — Le rêve nous redonne des énergies pour la lutte pour la vie. — Le vagabondage de l'esprit, comment on doit se le procurer. — La fonction hygiénique du rêve. — L'heure la plus propice pour le rêve. — L'utilité de la cigarette.

Chapitre XIII. — **La génialité qui dort en nous.** . 213
Sommaire : Qu'est-ce que le génie ? — Les énergies

ignorées et la génialité. — Comment se révèlent en nous les énergies géniales. — Génie et santé. — La génialité qui guérit. — La gymnastique psychique pour le réveil qui dort dans chacun de nous. — Quand le génie est une monstruosité.

Chapitre XIV. — **Comment s'acquiert l'énergie** . . 231
Sommaire : La lutte pour la vie et la défense d'énergie. — Le *sport* est-il utile à la formation d'hommes énergiques. — Les préjugés sur les *sports*. — Les *records*. — La science de l'énergie. — L'exploitation de nous-mêmes. — Les erreurs de l'éducation moderne. — La présomption est-elle un défaut ? — La confiance en nous-mêmes. — Préjugés contre l'homme énergique. — Comment est l'homme vraiment énergique. — L'énergie théâtrale (de commande). — La diplomatie envers nous-mêmes. — Le secret de l'énergie retrouvée.

Chapitre XV. — **De la santé de l'âme à la santé du corps** 257
Sommaire : L'influence du moral sur le physique. — Les émotions désagréables et le fonctionnement de l'estomac. — Les affections de l'âme et les affections du corps. — Les passions et l'économie de l'organisme. — Les hypocondriaques. — L'égoïsme et les maladies. — Altruisme et guérison. — La confiance de guérir. — La science chrétienne.

Chapitre XVI. — **Notre destinée est en nous** . . 277
Sommaire : La liberté de l'homme. — Qu'est-ce que la fortune ? — La philosophie de la passivité. — Les artifices de sa propre destinée. — Le bonheur. — Le songe réalisé.

2335. — Tours, imprimerie E. Arrault et Cⁱᵉ

www.ingramcontent.com/pod-product-compliance
Lightning Source LLC
Chambersburg PA
CBHW071142160426
43196CB00011B/1978